冷凍庫が火を噴いた

メーカー敗訴のPL訟訴

全国消費者団体連絡会
PLオンブズ会議 ◉編

花伝社

冷凍庫が火を噴いた——メーカー敗訴のＰＬ訴訟——◆目次

Ⅲ

冷凍庫火災事件――訴訟経過の特徴と争点

Ⅳ　勝訴判決をもたらしたもの

裁判支援・傍聴記

〈資料編〉

はじめに

全国消費者団体連絡会・元事務局長　太田吉泰

　ある日、突然、冷凍庫から出火し、火事で家財を失ったとしたら――。あなたなら、どうされますか。火事となると、消防署や警察がその原因を調べます。現場検証や原因についての判断はどのように行なわれるのか。その記録はどうなっているのか。

　メーカーや販売店との交渉はどうしたらよいのか。

　事故の製品や出火の証拠になるものがあれば、それは自分の手許にとって置くようにと聞くが、その保全・管理はどうしたらよいのか。メーカーが原因究明のために必要といってきたときにはどうするのか。

　いろいろなことを誰に相談したらよいのか。消費者センターなどは力になってくれるのだろうか。

　メーカーが責任を認めず、裁判にしなければならないとしたら――そのときには、どうしたらよいのか。頼りになる弁護士はいるのだろうか。等々、ちょっと挙げただけでもさまざまな問題がでてきますし、実際に裁判になった場合には、「製品の欠陥と被害の因果関係」を明らかにすることをはじめ、法律上の問題にも対処していかなくてはなりません。

　実際にそうなってみなければ、なかなか実感しにくいことかもしれませんが、いずれにしても、普通の消費者にとっては、慣れないことも多く、大変厄介なことばかりです。でも、自分がやらなければ何事も解決しません。では、どうすればよいのでしょうか。

この本は、実際に起こった、ある冷凍庫火災事件とその裁判についてまとめたものです。被害者（原告）の歩んだ苦難の道のりの記録であり、また粘り強い活動の記録でもあります。そして、ともに裁判を闘った原告、弁護団、協力者、支援者の協同活動とその成果の記録でもあるのです。

メーカーは最初から冷凍庫が出火源であることを認めませんでした。結局被害者は損害賠償を求めて提訴することになりますが、そこに辿り着くまでに三年半、裁判になってから勝利判決までに四年八ヵ月、最終決着までには通算八年余という、長い時間が必要となりました。

製品が安全なものであること、万が一、製品に原因する事故（被害）が発生したときは正当に救済（補償）されることは当然のことです。この当然のことを現実のものとしていくためには、ケースによってはいろいろな障害があり、大変な苦労を伴うものであることをこの事件は教えています。このような具体的な一つひとつの事例を解決していくことを通じて、「消費者の権利」は社会に定着していくのでしょうが、読者のみなさんには、その過程には北川さん夫妻の真摯で粘り強い活動があったことをお読み取りいただき、この本を活かしてくださるようお願いしたいと思います

この事件及び裁判は「製造物責任」をめぐる問題でした。製造物責任法（以下、ＰＬ法）が施行されて六年が過ぎようとしていますが、製品の欠陥による消費者被害は減少しているのでしょうか、また、発生した被害は正当に救済されているのでしょうか。私たちには、全体像がなかなかつかみにくいというのが実感です。弁護士の方のお話では、ＰＬ法施行以後、訴訟前も含めて和解による解決が増えているということは確かなようですが、

訴訟になった事例では、まだまだ勝訴の割合は低いとのことです。ＰＬ法はできたものの、まだ、いろいろな壁は厚いということでしょうか。

したがって、この冷凍庫火災事件の勝訴は大きな意義をもつものといえます。本書で澤藤弁護士が述べているように、この勝訴により「製品事故に際しての消費者の権利が、大きく前進したと評価すべき」ものです。

しかし、実際に訴訟を進めていく上では、因果関係の立証をはじめ、原告・弁護団は大変苦労されたことも事実です。詳しくは、弁護士の方々が今回の訴訟の経過や争点をまとめ、また、判決の評価もされていますので、そちらを参照していただきたいと思いますが、訴訟としてはかなりきわどい面があったように思われます。

また、専門家の立場から出火原因について鑑定を行い、勝訴に大きな役割を果たした技術士の鈴木さんには、今回の事件のポイントとなる冷凍庫出火の可能性についての解説とともに率直な感想を含めて今回の問題点をまとめていただきました。

これらは今回の事例をいろいろな角度から検証する上で大変貴重な資料であるとともに他の事例にもおおいに参考になるものと思います。その意味からもこの本が活用されることを期待したいと思います。

さて、北川さんのレストランが火事になったのは一九九一年七月一日のことでした。その頃、ＰＬ法の制定をめぐる論議が国民生活審議会を主な舞台に始まっていました。ＰＬ法の制定を実現するために、消費者、消費者相談の専門家、弁護士、研究者などが力を合わせて幅広い運動推進組織をつくり、活動をはじめた時期でもありました。ＰＬ法の導入には産業界の抵抗も強く、審議会での検討は長びきました。運動も長期にわたりましたが、全国各地で活発な活動が展開され、国会等への請願署名は三五〇万を越え、制定を求める意見書を採択した自治体の議会は三一二に達するなど、PL法制定の世論を喚起する上で大きな役割を果たしました。このような運動の盛り上がりのなかで、PL法は一九九四年六月に成立し、翌一九九五年七月一日に施行されたのです。成立したPL法は私たちの主張がすべて実現したわけではありませんが、消費者被害の防止と救済が進むことが当然期待されるものでした。また、法律の制定を運動のテーマとし、成功させたことは、日本の消費者運動にとって大変画期的なことでした。

北川さん夫妻と私たちの出会いは、後の話に出てくるように、PL法制定運動のなかでのことになりますが、この冷凍庫火災事件と裁判は、PL法をめぐるいろいろな動きと並行して進行することになるわけです。

私がこの裁判を傍聴するようになるのは、PL法が成立し、運動が一段落した頃からですが、制定運動に携わったものとして、最後まで見届けなければならないという思いでした。裁判も後半にさしかかっていましたが、裁判官や双方の弁護士のやりとりを実際に見聞きしたり、証人尋問の場面やラウンド・テーブル方式の公判を傍聴するなど大変貴重な体験をすることができました。そして、何よりも、北川さん夫妻勝訴の喜びをみなさんと分かち合いながら、PL法制定運動の成果を確認することができたことは嬉しいことでした。

制定運動の組織はその任務を終え解散しましたが、今「PLオンブズ会議」が全国消費者団体連絡会のもとで、制定運動の成果を引き継ぎ活動しています。この本は、PLオンブズ会議が開いた、冷凍庫火災事件・裁判の報告会がきっかけとなり、生まれたのです。

最近の雪印乳製品の食中毒事件や三菱自動車のリコール隠し事件等は、消費者被害の防止や救済にはまだまだ大きな問題が残されていることを明らかにするものでした。その意味からも、この本が多くの方に読まれることを願っております。

Ⅰ

突然の災難からの八年
——事件発生から勝訴判決まで

北川公造
北川丈子

冷凍庫から火が噴き出した

あなたは、ある日突然、自分が被害者になると思ったことがありますか？

「そんなこと考えたことも、思ったこともありません」

ほとんどの方から自分には関係ないと《ＮＯ》の返事が返ってきます。

私どもも、まさか自分たちが、こんな苦しみを受けるとは思いもよりませんでした。

しかし、現実に起きたのです。それも、人生最悪の不幸と言われている「火災」です。

今まで築き上げてきた全ての有形、無形の財産を、留守にした直後失ったのです。

出火は多くの方が使用している《冷凍庫》からでした。

それは欠陥商品でした。火災の翌日、地元の消防と警察による現場検証が行われましたが、現場の状況から火災の原因は冷凍庫内部からの出火によるものと思われ、私どもの過失責任は一切ないと現場検証担当官から言われました。当然、誠意をもって謝罪と賠償責任の遂行があるだろうと、私どもは製造及び販売会社を信頼しておりました。

しかし、それは見事に裏切られました。相対交渉から、東京地裁での四年半にわたる裁判の完全勝訴までの八年余、裁判所の結論は下されましたが、いまだ三洋電機から謝罪や被害に対する責任の意志表示はありません。

現在、多くの企業が製造販売で利益を得ているにもかかわらず、その製造物の欠陥から生じた被害者に対して社会常識に背く姿勢が表面化しているのは、消費者にとって許せる行為ではありません。

ここに私どもの体験した火災事件の顛末をお話ししてみたいと思います。

今まで泣き寝入りをさせられた方々の無念さを思うとともに、これからも同様の被害が起きる可能性は高いと思われ、私どもの体験が少しでも役立てばという思いから、被害者の心からの訴えとしてまとめたものです。ぜひお読みいただき、読者の皆さまも他人事ではない事をご理解下さればと念じております。

原告勝訴の判決

平成一一年（一九九九年）八月三一日、午後一時一〇分。東京地裁七二二号法廷はテレビカメラが入り、緊張に包まれました。撮影が終わり原告及び双方代理人が揃い、傍聴席も一杯になり静寂になった中、加藤新太郎裁判長が、厳粛に主文を読み上げられました。

主文

1　被告は、原告北川公造に対し、三一三万一〇四四円及びこれに対する平成三年七月一日から支払済まで年五分の割合による金員を支払え。
2　被告は、原告北川丈子に対し、二九五万九三五七円及びこれに対する平成三年七月一日から支払済まで年五分の割合による金員を支払え。
3　被告は、原告北川優子に対し、二九三万二〇九九円及びこれに対する平成三年七月一日から支払済まで年五分の割合による金員を支払え。

4　原告らのその余の請求をいずれも棄却する。

5　訴訟費用は被告の負担とする。

一瞬、張り詰めていた傍聴席から、静かながら歓喜の声が上がり、支援の方々は手を取り合いました。私どもも弁護士の先生方と喜びの堅い握手を交わしました。退廷されるおり加藤新太郎裁判長と目が合い、私は心から感謝の目礼をしました。

記者会見

会見場は支援者の喜び一色に包まれました。記者団からの質問に、私どもはこれまでの経過、今日の判決の評価について誠意をもって応えました。

この八年余の苦しみ、なぜ現場検証で明言された冷凍庫出火の事実の確認にこれだけの年月を費やさねばならなかったか、三洋電機の被害者に対する姿勢に改めて強い怒りを感じていることなどを。

また、私どもが正直に訴えたことが、司法の場で再確認され、今まで泣き寝入りさせられた多くの被害者の思いにこたえることができたこと、そして、今後の消費者の前途に明るい展望が開かれたことに、二人三脚で苦労してきた妻ともども、心から嬉しく思いますと述べました。

会見中に判決文書が届き、谷合周三主任弁護士、中村雅人ＰＬ弁護団チーフから説明されました。続いて火災

勝訴判決後の記者会見

現場の再現模型で、火炎がどのように走ったかについて、澤藤統一郎副団長、鈴木將成技術鑑定人が説明を行い、会場は身近な電気製品事故の恐ろしさと、三洋電機がなぜここまで引き伸ばしてきたかの疑問が、憤りの声となりました。

その後、いつものようにミーティングが行なわれ、弁護士の先生方から今日の勝訴の意味について説明があり、また支援の皆さんにお礼を述べられました。

そして、この勝訴判決が消費者を守るＰＬ法（製造物責任法）の今後に、大きな力強い礎となることを確信しました。

繁盛店から突然の悲劇

私どもが国道沿いにあったスペイン風建物を購入したのは、昭和六一年（一九八六年）一一月でした。それは、福島県いわき市の西方、国道四九号線が郡山市へ通じる人口約五〇〇〇人の杉山に囲まれた三和町の中心地にありました。

それまでの私どもは県北の町に住み、私は大学設立に向けて準備事務局長として勤務していました。

しかし諸般の事情で設立が不可能になり、別の職場に残留を懇願されましたが退職しました。

そんなおり妻の姉から、自分が商いをするつもりで購入した建物があるが、あなたたちなら自分がやるより成功するだろうとその建物を譲ってくれたのです。

約一ヵ月かけて店内を改装し什器備品を整え、初めての飲食店営業を、不安の中で開店しました。

最初はいろいろ戸惑う状況でしたが、休業は半年以上しないで頑張りましたので、徐々に営業姿勢や雰囲気も理解され、地元のご家族の方も夕食時やお休みのおりご来店いただいたり、役所の方、農協関係、各事業所の方々も接待などに、月日の経過とともにご利用いただきました。

国道を往来される営業マン、観光の行き帰りにお寄り下さる方々の口コミで、遠方からわざわざコーヒーを召し上がりにご来店下さった方も多々ありました。

始まった時に囁かれていた、《よそ者》がやっても一年ともたないだろうと言われていたことへの嬉しい答えが出せました。

地元に密着した商いをするため隣組とのお付き合いには気をくばっておりました。

特に葬儀のお手伝いは土地のしきたりであった土葬の〝六尺〟と云う大役を二度努め、私は大変良い経験をさせていただきました。

営業中の青果などは開店前か閉店後に前もって注文し、一番近い好間町まで行き仕入れをしました。

主力のコーヒーや冷食材などの仕入れは、「服部コーヒーフーズ」いわき営業所から週二回の注文配送でした。

もちろん事故品の冷凍庫もその他什器も開店に当たり服部コーヒーから納品されていました。

国道沿いとはいえ山間部の一軒家で、三〇〇円でお飲みいただくサイホン仕立ての美味しいコーヒーから一二

味郷（みさと）の店内

この裏に事故品の冷凍庫があった

〇〇円の大きいエビフライ定食の商いは、いわき市～郡山市間で一番と、多くのお客様から信頼をいただき可愛がられた店であっただけに、火災事故とその後の経過はどうしてという怒りと疑問が頭の中を駆け巡り、何をどうすればいいのかわからない混乱状態でした。自分たちの責任が一切無いにもかかわらず、商いをしていた年月を遥かに越える八年余も費やさねば、裁判での最終判断ができなかった事への不満と怒りを心の底から感じます。

災難とはストーリーの無いドラマ

その悲しみと苦難の始まりは全国「国民安全の日」平成三年（一九九一年）七月一日夜、閉店後の留守直後の出火、全焼事故から重苦しいページが開かれました。

この日は小雨が降るうっとうしい一日でした。

私どもは最後のお客様を送り出し、いつものように清掃、後片付けを済ませ、鍵を掛け午後八時三〇分過ぎに出かけました。

実は前日に妻の姉から誘いがありましたが、店が忙しく行くことができませんでした。それで少し早めに店を終わり姉の家に向かいました。

途中、野菜や週刊誌を買うため好間町にあるいつものスーパに寄りました。

スーパーに入ってすぐに、妻が宣伝を頼んでもいないのにラジオから私どもの店の名前が聞こえたというので、店長ともども聞き耳を立てました。

「ただいま四九号線レストラン・ミサトから出火延焼中です。ご協力下さい」と火災情報の放送だったのです。

私どもも店長もびっくりしました。私は駐在所へ電話を掛けました。

「ミサトが燃えていると放送されたが本当なの？」

「オレも今行くところだ。今日は休みだったのか？」

「いや、今出かけて来て好間にいます」

「すぐくるように」

私どもは急いでUターンし、フルスピードで道を急ぎました。

途中パトカーに追いつき事情を説明しました。私の車は私の運転では危険だと警察官が運転してくれ、私はパトカーに同乗し、気がせくまま先を急いでもらいました。

わが家が見えるカーブから煙が上がっている状態を確認し、出かけたばかりの家が火災になっているのを初めて実感しました。

到着してもわが家に近づけず、私どもは向かいの農協ガソリンスタンドで消火作業を見守るしかありませんでした。

そんなイライラ状態の私どもへ消防団の方が、両親の遺影と位牌・本尊を大事そうに持参下さいました。

この地域では火災のときまず仏壇を探し、ご本尊と位牌などを持ち出すことが、消防団の心得になっていると後で聞きました。そしてそれを無事出せた家は必ず再興できるとも言われています。

そうしているとき、訪ねるはずだった姉も泣きながら駆けつけてくれました。私どもが無事であったことに安心し、どうして火が出たの、あなたたちが不始末をするはずがないと、私たちの体をさすりながら怪我がないことを確認し、励ましてくれました。

次から次へと放送を聞いた親戚、友人、知人も駆けつけて体の無事を喜んで下さいました。

消火作業も大勢の協力で二時間ほどで鎮火し、夜中の一二時過ぎに駐在さんの立ち会いで焼け跡に入ることができました。暗い中に焼け残った金庫を確認するのがやっとで涙が止まりませんでした。

ご近所の方々から泊まるよう温かい言葉を掛けていただきましたが、連絡などもあり姉の家に行くことにしました。

夜明け近くには埼玉から長女夫妻も涙一杯で駆けつけました。

現場検証、その結果は？

翌二日、前日と同じ小雨のなか午前九時から消防・警察合同の検証が行なわれ、客室カウンター部分、厨房二カ所のガス栓、石油ボイラーのスイッチ、タバコの不始末の有無、電気系統など一カ所ずつ、担当官に従い私が説明し、火元になっていないかどうか確認の検証を順序よく済ませました。

いずれも完全に閉まった状態で焼けただれていました。

お客様のタバコの吸殻は、ケチャップ大缶に水を入れ始末していましたので、これも火元にはなりません。また私どももタバコは吸いません。

失火、放火についての調べは、国道沿いの一軒家ですので内部、外部と念入りに調べられましたが油の反応もなく、これも否定されました。

次に火元を調べる原点に戻り、火の走った状況を見分する作業に入りました。

そして、一番焼けている裏口に通じる通路脇に備え付けられている冷凍庫付近の調べに入りました。

新聞で報道された火災の現場

冷凍庫正面は焼けてはいましたが未だ白い塗料が残っていました。

しかし、冷凍庫裏の腰板が客室の方に焼け抜けていることで冷凍庫を駐車場に搬出して、詳細に腰板の焼け抜けた痕跡と冷凍庫裏側の痕跡状態が写真を撮りながら検証されました。そして結論が出されました。

《出火元は冷凍庫です》この担当官の言葉に私どもは信じられませんでした。

「なぜ冷やす物の冷凍庫から火が出たんですか？　故障もなかったし、出かける時に何の臭いも感じなかったですよ？」

その疑問に対し担当官は、

「私たちは火災現場を何百件も見分しているんですよ、電気火災の恐ろしさは瞬時に発火する事が多く臭いは出ません。感じなかったのは当然です」

出火元の冷凍庫裏側

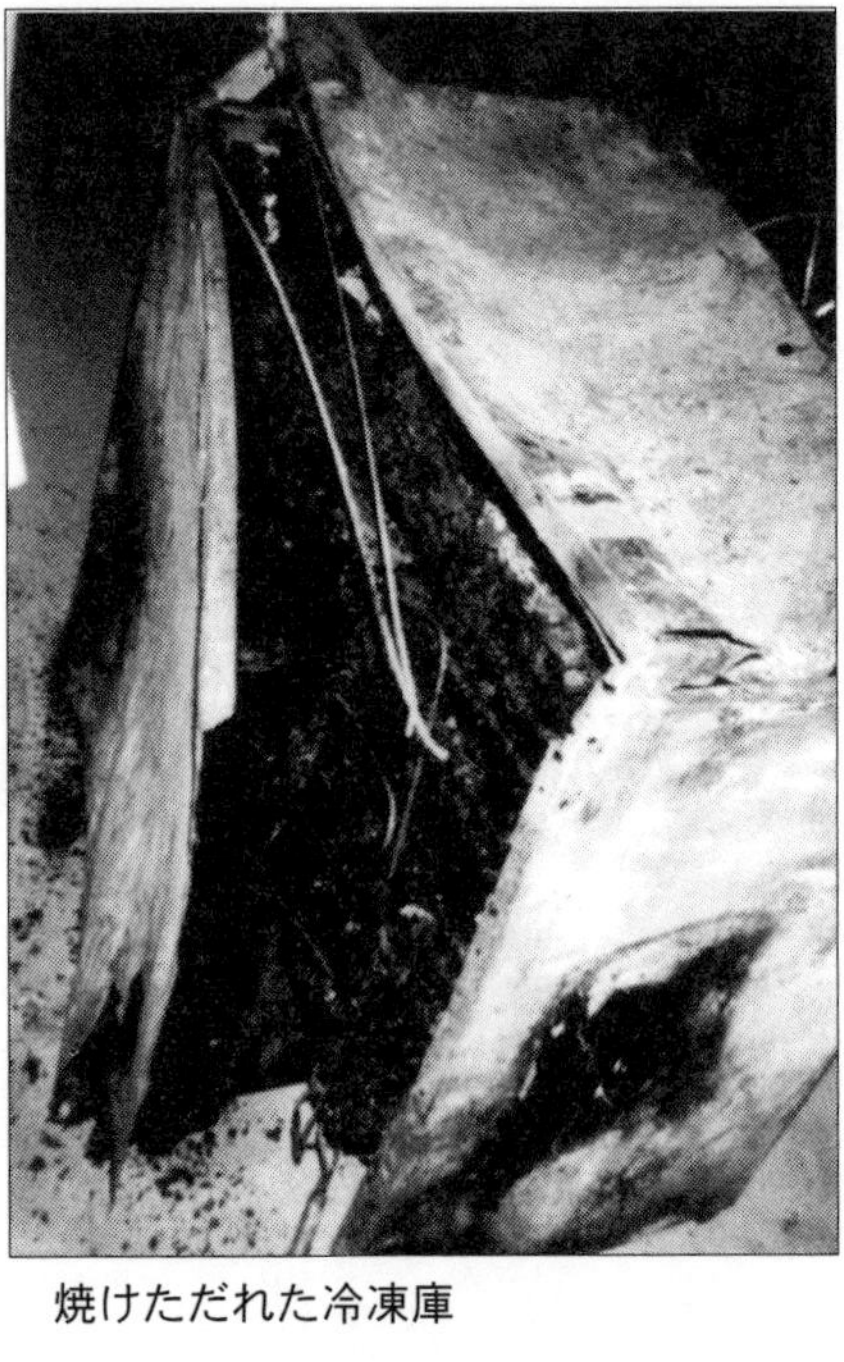

焼けただれた冷凍庫

冷凍庫裏側からみた店内の様子

冷凍庫左側及び食器棚

「ご夫妻の気持ちは良く判りますが、燃え方から他の出火元はありません。もちろんご夫妻の過失責任は失火責任も含め一切ありません。確信をもって言えますのでどうかご理解下さい」

妻は自分たちの過失責任はなかったことに安堵しましたが、なぜ冷凍庫から出火したのか、とても信じられず納得するのに時間がかかりました。

私は専門家が確信をもって明言されているのだから、信じるしかないと妻を慰めました。

最終的に出火元が確認できたことは、発見と消火の作業が早かったことが幸いしました。ちょうど、消防団消火技術コンテストに向け、近くの高台にある小学校グランドで訓練をしていた最中に火災が発見され、近くの方の通報もありいち早く駆けつけられたと聞きました。

この迅速な対応によって全焼火災でも建物が全壊せず、ある程度現場保存ができたことに繋がりました。このことが検証をより明確にし、それぞれの焼け方の状況から判断して、冷凍庫からの出火が確定されたのです。

駐車場に搬出された冷凍庫の内部は真っ黒に焼けただれている状態で、何がどのようになっているのか全く判りません。

私は事情聴取のため、警察、消防担当官と内郷消防署三和分遣所へ行き、双方から当日の様子など詳細に事情を聴かれました。

約一時間の事情聴取が終わり警察担当官から、事故冷凍庫は県警本部の科学捜査研究所へ送り検証する、その後警察署で廃棄処分にしても良いですねと言われ、言われるままにその書面にサインをしました。

私の頭の中は真っ白な状態といったらよいか、ともかく混乱の中でしたので、多くの皆さんにご心配、ご迷惑をお掛けし申し訳なかったという気持ちと、自分たちの失火でないことに、自分自身、若干ホッとした気分から、ことの重大性を認識しないままサインしてしまったと思います。

事情聴取終了後焼け跡に戻り呆然としている妻に、「もし営業中であなた方がいつもの位置にいれば、あなたは即死かそれに近い状態、奥さんも逃げ場を失い死亡か重傷の状況だったでしょう。たまたま留守中だったから命が救われたのです。そのことに感謝して、また一生懸命頑張ればきっと良くなるから」との担当官の言葉を伝え、皆さんの強い励ましがあることも話しました。

あれもあった！　ここにはこんな物もあった！　と思い出しながら、とめどなく出てくる涙を流しながら、手の付けようも無い状態のなかただウロウロするばかりでした。

店舗は全滅、二階の家財も使用不可能、半分残った特注の箪笥もどうしようもなく、中の衣類も煙と消火水ですべて駄目でした。

両親の思いが籠もった遺品の数々、子供たちの成長記録、ヨーロッパで購入した珍しい品々、数限りない二度と得難い品物が焼失してしまい、火災の恐ろしさ、空しさをつくづく思い知らされました。


そんなおり電話のベルがびっくりするほど大きく鳴り響きました。

次女からです。ツアーから成田空港に無事着いた連絡です。

次女は帰国の疲れもあっただろうに、夜遅く放心の面持ちで帰って来ました。

翌日焼け跡を泣きながら見ていました。

そしてパリでの出来事を話し始めました。

それは私どもの火災が起きたころ、次女の腕時計が突然動かなくなり何か嫌な予感がした事を、今思い出すと寒気がすると気味悪がって話しました。

次女が旅の先々からよこしてくれた心温まる絵葉書も、ベネチアで次女のために特別につくってくれたというガラス細工の〝三頭の馬〟、珍しいウイスキー・ワインなどもすべて粉々になり焼けてしまい、私どもの過失責任はないにせよ申し訳なかったと、心から謝りました。

傷心から再起へ

外の倉庫に入れていた荷物を姉の家に運び、再建を心に決め一週間後に建物を取り壊すことにしました。

火災当日とはうって変わった上天気、昨秋全塗装した建物は、外見からは何があったのと不思議に思われるほど、消火水で洗われ奇麗でした。しかし一歩中に入ればそら恐ろしいほど酷い状態です。

その家屋に再建の夢を抱き解体をお願いした工務店の重機が入り、バシャ！　バシャ！　と私どもの気持ちに考える余裕を与えないような勢いで容赦なく取り壊す様子は、本当に辛く、一枚一枚の紙が風に舞う度に、何が書いてあるのか確認したりしました。同じ思いを抱いたのでしょう、妻も娘たちも泣き腫らした虚ろな目で見つめるだけでした。

火災後妻はしばらく声の出ない最悪の状態が続きました。

この早い時期に家を取り壊したことを、三洋電機は、後で証拠隠しと言っていましたが、これは一日も早く焼け跡に再建するためで、警察署担当官には報告し許可されており、言われるような後ろめたい意図は一切ありません。

しかし、いざ再建する段階になり、今までの水回りや浄化槽設備では許可が下りないことが判りました。井戸水は今まで水質検査を毎年行い、素晴らしい水質と折り紙付でした。しかし新しくするには深堀でないと許可が下りません。浄化槽も一〇〇人用雑排浄化槽にしなければなりません。

この二つの設備だけで、最低五〇〇万円～六〇〇万円の費用が掛かります。新築して什器備品を揃え開店するにはおよそ五〇〇〇万円の資金が必要と見積もられました。

ここに再建築したい気持ちは募るばかりでしたが、私どもの意欲だけでは資金調達の面から容易でないことは明らかでした。

火災後はそのまま姉の家に厄介になり、再建を含めいろいろ相談し模索しながら過ごす日が続きました。しかし、このまま何時までも世話になっていることに、お互い不安と気が詰まる思いになり、私どもは再建計画を縮小、既存の住居付き店舗を探すことに方向転換し、毎日東西南北、車で探しに出かけました。

そんな中、解体物が運ばれた処理場に足を運んだり、また海岸に行っては車をとめ、太平洋の大きなうねりに引き込まれるような気分になったり、波音を聞きながら、「なぜ自分たちがこんな目にあわなければならないか」と問いかける日もありました。

焼け出されてから三ヵ月半たった一〇月一六日、大変世話になった姉の家から転居し、家財道具はいただいたり買ったりしながら、郡山市にみつけたガラーンとしていた事務所を、喫茶と食事の店に模様替えする工事に入りました。

幾種類かの設計図の中から客席は狭いながら〝ゆったり〟取りたいという希望を適える図面を選び、一日、一日商いができる楽しみで精神的にはゆっくりと回復しつつありました。

事務所を喫茶店風にする店内改装の作業は、思ったより大工事で予算も大幅にオーバーして心配しましたが、約一ヵ月半で狭いながらも上品な店に完成、開店を迎える準備が整いました。

服部コーヒーフーズの裏切り

開店準備が着々と整い、什器備品の納入と食材の注文も、服部コーヒーフーズいわき営業所から郡山支店へ引き継がれ、最後の調整の段階を迎え、私どもは安心して任せておりました。

〝まさか〟〝まさか〟この段階で納入拒否されるとは考えも及びませんでした。

一一月二五日、郡山支店長の千葉氏からの電話はわが耳を疑いました。

「注文を受けておりました什器備品及び、食材納入は、人手不足と暮れにかかるので不可能になります。お客さまに迷惑を掛けることになるので取引はできません」との言い訳です。開店を阻止するような行為に、こんな言い訳で商取引が通用するのかと糾しましたが一方的に電話は切られてしまいました。

私どもはこの支店長の判断が理解できず、いわき営業所・鴨田所長にすぐ電話を入れました。鴨田所長も驚き、それは本当なのかと何回も念を押しウーン、ウーンと自分なりにどう対処したら良いか考えているようでした。

呆れるとともに、今まで私どもとの取引がいわき営業所として上得意だったはずだけに、何がこういう判断に繫がったのか信じられないと思うのが至極当然だと思います。

私どもも服部コーヒーフーズには、キャンペーンがあれば率先して協力してきましたし、また、支払いは指定日には一円単位まできちんと支払ってきました。感謝されることはあってもこんな仕打ちを受けようとは夢にも思いませんでした。

鴨田所長も折り返し千葉支店長に連絡されましたが、結論は同じで、上司には逆らえない様子で申し訳無いの一点張りでした。

こんなに協力してきた私どもを裏切った行為の裏には会社としてか、個人的にか三洋電機との密約があったと勘ぐらせる行為が次の日に起きました。

千葉支店長が三洋電機と私どもの仲介をしたいとの申出があり、翌二六日に来宅され交渉が行なわれました。千葉支店長同席のもとに交渉に入り、「火災現場の写真を撮られたことを聞きましたが、どんな写真ですか」と問いますと、この写真ですと一冊のファイルを出されました。

そのファイルの中に警察署で保管してある事故冷凍庫の写真が含まれていたのです。

三洋電機郡山営業所の佐藤修代理は〝シマッタ〟という表情になりましたが後の祭りです。

私どもがすかさずこの写真はどうしたのですかと問い糾しますと、脇から千葉支店長が「現場ですよね」と口を挟みました。

しかし現場ではこの写真は撮れなかったのです。

佐藤代理は、申し訳ありません、これは警察署内で撮りました。また、七月二四日には本社技術担当者が警察署を訪れていたことも話しました。

こんなやり取りの中で千葉支店長は終始佐藤代理の肩を持つ態度を変えませんでした。本来なら被害を受けたお得意様である私どもの味方になり、要求内容などを三洋側にお願いすることが役目なはずです。

それなのに三洋電機の肩を持つことばかりでした。

開店間近の服部コーヒーフーズの裏切り行為に私どもは困りました。

しかし捨てる神あれば助ける神ありで、こんな状況のなか前店から公私にわたりお付き合い下さっていた、山寺一様が早速、矢吹町でレストラン「楓」を営まれているマスターを紹介して下さり、楓様と取引のある「UCC上島珈琲郡山支店」との取引に道を付けて下さいました。

全ての什器備品・食材の仕入れをやり直し、大変なご協力のもと開店にこぎつけました。

小さくても商いを再開できたことは、私どもにとり、何よりも温もりと心の落ち着きを取り戻す日々となりました。

事故品の確保

さて、ここでなぜ事故品である冷凍庫を手元に保管できたかを、お話ししたいと思います。

私どもが勝訴判決を得られた経過の中での最大のポイントは、事故品を手元に保管していたことです。実は現場検証で明確に冷凍庫が出火元と言われましたし、焼けただれたものを持っていても悲しさが募るばかりで、前に述べたとおり、いろんなことが頭を渦巻く中、事情聴取の時に廃棄処分承諾書にサインをしました。

しかし、二～三日してから私どもの間で話しているうちになんとなく、保管する場所もあるし返して貰おうということになりました。

この閃きというか、なぜ返して貰おうと思ったかについては現在も、私ども自身不思議のベールに包まれ説明できません。

返して貰おうと思い立つと、早速いわき中央署、五十嵐担当官を訪ね返還の申し入れをしました。そこで言われたことは一旦サインをした物の返還はできないということでした。

なぜ返還できないのかハッキリした理由もわからず、私どもは困惑と疑惑に苦しみました。

そこでこれは大変なことになったと判断し、県警の上部に親友の義弟がおられることを思いだし、お願いしてみました。

そこで言われたことは、縦割り組織の警察ではなかなか困難だが、私の名前を伝え返還請求書を提出するようにと助言を受けました。

早速返還請求書を作成し、提出しましたが、提出にあたりその方との関係を根ほり葉ほり聞かれましたので大変ご迷惑がかかるのではと心配しました。

しかしその方のおかげで七月三〇日、無事私どもへ事故品は返還されました。

話によりますとこういう事故品は、検証が済み次第メーカーの要望があれば引き取られることになっているようです。

そのことから判断すると三洋電機は警察からの引き取り通知を待っていたようです。

それが私どもの手元に事故品があることを知るや、相対交渉で賠償条件の切り札として検証にかこつけ私どもから事故品を取り返そうとしたのです。

私どもの体験からここで皆さまにアドバイスできることは、事故の種類にもよりますが、原因究明のために、警察署または消防署が事故品を持って行く場合があります。このときには遠慮せず必ず借用書を書いてもらい、メーカーの手を入れさせない確約を取ること、そして検証後は分析、分解内容をよく聞き、事故品に間違いないか確認して、返還して貰うことが必要です。

それとともに事故直後の写真が大きな役割を果たすことも忘れないで下さい。

そして、事故品は自分の大切な宝物と思い、決して交渉相手に渡さぬこと、この宝物を被害者が持っていられる忍耐力が、交渉の武器にもなり防御にも繋がることを私どもの経験から教訓として学んでいただければと思います。

不誠実な三洋電機の対応

自分たちに責任が無い事故なら、自信を持って相手の責任を追及すべきものと私どもは考え三洋電機との相対交渉を始めました。

交渉の始まりは、火災情報を聴き駆けつけ、翌日の現場検証にも立ち会った服部コーヒーフーズ（本件冷凍庫の販売店）いわき営業所の鴨田泰史所長が全てを知り尽くし、三洋電機郡山営業所の佐藤修所長代理（当時）へ、冷凍庫の出火発生を電話連絡しました。

しかし、佐藤代理はこの内容を自分なりに解釈し、会社大事と判断したのか冷凍庫付近と報告したのです。

この入り口でボタンをかけ違えたことが、解決に八年余の歳月を費やす結果になったのです。

七月四日　服部コーヒーフーズいわき営業所の鴨田所長が三洋電機東北特機食品機器営業部の加藤勝郎部長と郡山佐藤修所長代理を伴い火災現場を訪れました。その折営業担当の鍋島社員がいつの間にか写真を撮っていたのです。

　この日はお見舞いの言葉は一切ありませんでした。お見舞いを言うと出火を認めることになる、これが三洋電機の姿勢でした。

　その後三洋電機から何も連絡がありません。私どもはしびれを切らし仙台市にある東北特機販売、佐藤紀生社長宛、催告書の内容証明文書を送付しました。

催告書
火災原因による損害賠償について
冠省
家庭用電化製品の発火発煙事故は、公表されたものでも数千件に及び回収された数は百万台近くあり、社会的問題として、製造物責任法の制定が要求されております。
去る七月一日夜、私所有の、いわき市三和町下市萱字竹ノ内四番地の一、所在の居宅兼店舗が火災により焼失しましたが、消防署の現場検証で、貴社製造の電気冷凍庫の過熱が原因であると推定されておるにもかかわらず、火災当日より一ヵ月以上経過した現在に至るも、貴社は、被害者である私に対し責任ある解決案を何ひとつ提示されてはおりません。
私ども一家は、突然焼け出されて収入の途を絶たれ、住むに家なく親族の家に身を寄せ世話になっており、一日も早く店舗居宅を再建し営業を再開しなければなりません。

ついては、出火原因の責任と損害賠償に関して即刻誠意をもって解決されるよう催告いたします。

来る八月一六日まで御回答なき場合は、不本意乍ら関係機関に訴え、貴社の責任を厳しく問う考えであることを申し添えておきます。

敬具

平成三年八月六日
差出人　いわき市三和町下市萱字竹ノ内四番地の一
北川公造
受取人　仙台市青葉区五ツ橋一丁目五番一〇号
三洋電機東北特機株式会社
社長　佐藤紀生　殿

八月九日付で催告書に対する回答書が届き、やっと郡山営業所佐藤代理から八月二二日午前一〇時に来宅するとの連絡が入りました。

八月二二日　佐藤代理の案内で三洋電機東北特機食品機器営業部ショーケース販売課、茂木勝課長と技術社員が、いわき市の姉の家に来られました。

最初から責任逃れの話ぶりで、私どもを見下すような高圧的で横柄な態度に、私どもは現場検証で消防・警察に言われた事実をそのまま話していると抗議しました。

態度は一変し、三人とも下を向いたきり黙ってしまい頭もあげません。

技術担当と紹介された人物は、私どもの気遣いにも上着を脱がず汗が噴き出ていました。なぜ上着を脱がなかったか、その理由は後日、疑った通りの事実が判明しました。

初交渉でのこの態度です。被害者を見舞う気持ちがさらさら無い傲慢な交渉姿勢に怒りを感じました。

この日、私どもの側は姉とオブザーバーとして伯父が同席しました。

そして初交渉で、冷凍庫出火が明言されていることだから、その責任を一日も早く認め交渉したい旨、社長に確実に報告して下さいと言いますと、三人は承知しましたと言って帰りました。

九月三日　私はいわき中央署に五十嵐係長を訪ねました。科研の調査結果でコンプレッサー内部が燃えていない事から、ストッカーからの出火と思うが、原因は解らないと言われ、現場検証で確定明言されていた態度と、言葉のニュアンスに大きな違いを感じました。

九月九日　初交渉時の申し入れにもかかわらず連絡は一向にありません。

私は、三洋電機の井植敏社長宛手紙を出しました。

冠省　去る七月一日夜、私の居宅兼店舗が不在中に出火全焼し、その翌日消防署・警察署の現場検証の時、担当係官から、衆人環視の中ですべての状況からみて、「冷凍ストッカー」が火元であると考えられ、私どもに出火責任はないと説明されました。

その事は、貴社製品の販売会社営業所の社員の方にもくわしく話しておきましたが、その後何の対応

もないので、八月六日付で三洋電機東北特機株式会社佐藤紀生社長宛催告書を送付しましたところ、八月九日付で回答書があり（同封コピー参照）その後同社社員三名が平の義姉宅に来訪し、回答書同様の話のみにて帰りました。

その時話の中で、この火災原因云々の件については、三洋電機株式会社のトップまで報告が行っているし、この回答書に示された見解は「三洋電機」全体の統一見解であると言っておりましたので、ここに改めて貴職に対し事実関係の解明と賠償問題に関して、諸般の事情を勘案の上、善処されるべく、貴社関係者に御指示下されるよう申し入れいたします。

平成三年九月九日

いわき市平堂の前三

井戸川澄子方

北川公造

大阪府守口市坂本通二ノ一八

三洋電機株式会社

代表取締役社長

井植敏　殿

九月三〇日に本社総務・社会本部社会統括部、お客様関連部土肥幸弘部長より返書が届きました。

前略

七月一日の北川公造様のご住居兼店舗が焼損しました件につきましては、心からお見舞い申し上げます。

さて、平成三年九月九日付で北川公造様から、弊社社長井植敏あてにご送付いただきましたご書面につきまして、担当部署から弊社の見解をご回答いたします。

今回のご書面の中で出火原因について、弊社製造の『冷凍ストッカー』が火元であり、事実関係の解明と賠償問題に関し善処せよ」とのお申し越しでありますが、

一、平成三年八月九日付現地販売担当会社の三洋電機東北特機株式会社代表取締役佐藤紀生からご回答いたしましたとおり、原因が明確でない現時点では、弊社としましてはお応えいたしかねます。

二、また、チェストフリーザーが焼けた状態で発見された旨は聞いておりますが、現物については弊社は直接確認しておらない状況であり、管轄の警察署・消防署からは、貴殿の言われるような出火原因について何ら公式の連絡は現在のところ受けておりません。

三、さらに、平成三年八月二二日、三洋電機東北特機株式会社郡山営業所所長佐藤修他二名が井戸川様宅で、北川公造様および奥様がたとお会いし、前二項等について再度ご説明申しあげたとおりであります。

四、今回のご書面にありました「消防署・警察署の現場検証の時、担当係員から、（略）すべての状

況からみて『冷凍ストッカー』が火元であると考えられる」旨説明があったとのことですがこれは警察当局が科学的な鑑定を実施される以前のことでありますので、弊社としましては鑑定の結果を尊重いたしたいと考えます。

五、弊社は何ら責任を回避する考えはありませんし、弊社製品のご愛用者さまに対し、現地会社が回答いたしておりますとおり、もし弊社納入機器が原因であると当局が断定された際には、企業の社会的責任において、当然誠意ある対応をさせていただく所存でございます。

どうか北川公造様におかれましては、ぜひ警察署および消防署を訪問され、原因について照会していただくようご要請申し上げます。

北川公造様をはじめご家族の皆様のご心痛やご不便につき深くご同情申しあげますとともに、ご回答いたします。

早々

平成三年九月三十日

差出人　大阪府守口市京阪本通二丁目十八番地

三洋電機株式会社

総務・社会本部社会統括部

お客様関連部

部長　土肥幸弘

皆さんは、この文書をお読みになり、どう判断されますか。

いかに本筋をはぐらかすか、責任回避をどうすれば可能にできるか、言葉の上では責任が生ずればいか様にも誠意を示すと言っていますが、実行は未だにされていません。この言葉に長期間惑わされ泣き寝入りされる方がどんなに多いことでしょうか。

私どもは余りにも身勝手な返書の内容に憤りを感じ、被害者、消費者の問題として公表する旨の文書を送付しました。

いわき消費者センターにも、相談に行きました。私どもの話に大変驚かれ、国民生活センターへ連絡して下さいましたが、返答は、国民生活センターは消費者問題を扱うところで、営業用品は対象外だとして、扱ってもらえませんでした。いわき消費者センターの職員はいろいろ調べてくれましたが徒労に終わり、八方塞がりの状況に申し訳ないと謝られました。

さて、服部コーヒー郡山千葉支店長が仲介をセッティングした記述の項で少し触れましたが、その時の内容をもう少し詳しくお話しします。

初交渉のとき上着を脱がなかったのは隠しマイクを付けていた、これが事実です。

また、七月二四日いわき中央署に来署したのは品質保証部技術者の一戸、横山、新川氏それに佐藤代理、警察側は安藤課長、遠藤係長で、署内に保管されていた事故冷凍庫を、私どもへの連絡や許可もなく写真を撮り計測、詳細に見分させたとのことです。

この事実を催告書の返書にも、初交渉の席でもひた隠しに隠して私どもの出方を見ていたのです。

これは警察関係者の私どもに対する信頼の裏切り行為でもあります。現在社会に噴出している警察不祥事の一端はここにもあったのです。

三洋電機は私どもに警察の証明があればいか様にも誠意を尽くすと言っておきながら、そんな証明は出ないことを承知で言っていたのです。

この段階までの交渉は、悲嘆にくれる状況の中での再建を模索、やっと郡山市に落ち着くまでの戦いでした。

昭和六一年に起きた三洋電機ファンヒーター事故では、全国的に多数の死者が出て社長以下が辞任した事を読売新聞の記者からお聞きし、電気製品事故の恐ろしい被害を消費者に与えながら、企業が完全な責任を取らない事に対し、私どもは怒りを込め最後まで諦めず戦う決心をしておりました。

平成三年も押し詰まった一二月二三日、なんの返事もない事態に、私どもの気持ちを込めて送付した手紙の返書に、新春早々に会いたいと書かれていました。

私どもは急ぎ平成四年（一九九二年）一月八日いわき市の姉の家で会いたいと差し出しました。

来宅されたのは、守口市の本社からお客様担当南義人部長、東京の産機システム技術統括藤照夫部長、空調冷凍機事業部品質管理三宅勝部長、横山孝雄主任技術員、それに佐藤代理でした。

彼らの返答は以下の二点でした、

①事故冷凍庫を検証させてくれ、それによって対応する

②自社製品とは認めるが、賠償は検証次第

また初めからの説明です。現場検証の確証、その後の交渉の経過について私どもの考え方や思いを話し、なぜ

今まで誠意ある交渉ができなかったのか不信感だけが募ると言いました。

三洋側は警察でも検証したはずの事故品の見分要求にこだわり、結局平行線で終わりました。

最後に私どもは、いつまでも結論が出ないなら、社長との直接交渉を求める、日程を早く決めてくれるよう伝えました。

会社は組織分担されているので私どもへの対応はお客様係の担当であることは百も承知しています。しかしこれだけ重い事故被害者に対し、社長として何らの指示もしないことに、私も小さいながら経営者である、馬鹿にしないで対等の席に着きなさいとの戒めを言ったのです。

1992年（平成4年）1月19日（日曜日）　福　島

こちら欠陥商品110番

『冷凍庫から火が出た』

弁護士会2回目　消費者相談受け付け

相談に応じる橋本弁護士

県弁護士会消費者被害対策委員会は十八日、商品の欠陥によって消費者が被害を受けたケースを調査する「欠陥商品一一〇番電話」を開設した。日本弁護士連合会の全国一斉調査に合わせて実施し、本県では一昨年に続いて二回目。郡山市虎丸町の橋本保夫弁護士事務所内に受け付け電話を設けて相談を受けた。

この日は、午前十時から午後三時までに七件の相談があった。内容は、冷蔵庫の冷凍庫からの出火、マンションのひび割れ、走行中に車両のいすが倒れたなど。被害は、直ちに日弁連に報告された。進行中の被害は追跡調査し、継続して相談に応じることにしている。

欠陥商品で消費者が被害を受けると、現在の損害賠償請求訴訟では消費者側が証拠を提出したり、商品と被害の関係を証明しなければならない。だが、専門的な情報や証拠類は製造者側が持っているため、立証は困難だった。

日弁連は、欠陥商品による被害の責任を製造者に厳格に問う「製造物責任」を法制化するため、独自の法案を検討しており、相談内容は法案のためのデータに活用される。

一月一八日「欠陥商品一一〇番」に電話で相談しました。

担当の弁護士に事情を話したところ、

①警察署内で私どもの許可なく三洋電機技術者が見分、写真撮影をしたのは違反行為である

②事故品を手元に保管していることは、被害者にとり非常に有利である

③現在欠陥商品が続出しているので今後追跡

調査をする、資料は大切に保管下さい
との助言をいただきました。
書類を整え連絡を待っていましたがナシのつぶてです。ただデータを取るための相談会では被害者は救われません。せっかくの企画が絵にかいた餅になり残念でした。

二月八日　南部長、三宅部長、横山主任が来宅されました。
そこで次のようなことを言われました。
①工場で何台か実験を行ったが事故品のような状態にはならなかった。
②部品及びカバー類もわが社は不燃性の品を使用している。持参した一個の部品をライターで炙り、「これこの通り火は付かないでしょう」と言われた。
③他の失火は無かったのか、他所ではネズミ、ゴキブリ、クモの巣が原因で火災が発生した例もあった。
④再度事故品を検証しなければ補償、賠償には応じられない。またお見舞い金も希望金額は出せない。
自社に有利になるようにというか自分本位の考えだけを主張する姿勢です。これでは被害者の心を踏みにじるもので交渉の姿ではないと思いました。
①で示された実験について内容の説明を求めたところ、冷凍庫を燃焼物で囲み火を放ち実験したと言われました。この方法では素人の私どもでも事故品と同じ結果は無理と思いました。
事故品は現場検証の結果、内部出火なのです。回りの火が冷凍庫に燃え移ったのではありません。こんな茶番で誤魔化そうと考えていることに腹が立ってきました。

こんな子供だましを大阪から会社を代表して来て、ぬけぬけと言うことにあなたたちは恥ずかしいと思いませんかと反論したら、②～④の話になりました。

私たちは決して不合理な要求をしていたのではありません。

三洋電機が自社工場まで事故品を運び検証したいとの申し入れは、今まで若干でも誠意が私どもに伝わっていれば、今後の技術向上のため、進んで提供していたと思います。

しかしその対応姿勢は、自社イメージばかり気に掛け、被害者の悲しみ苦しみに、何か文句があるのかとばかり頭ごなしに決めつける態度でした。

これで提供すれば、もうこっちのものとばかりにと何事も無かったように、頬被りする事は間違いありません。

「事故品をおたくの会社に運び込んでしまえば、黒の結果が出ても白と返答なさるでしょう」と言うと、南部長がなんのためらいもなく「そうです」と明言したのには私どもはびっくりしました。

現場検証の結果を尊重せず、ただ言葉だけの対応に私どもは腹の底から煮え繰り返る憤りを感じてもう一度、円満解決を臨んでいると指示しておられる井植社長に文書を出しました。

やっと四月八日に南、藤両部長が郡山の自宅に来ました。

まず私どもから、現場検証の結果に不満をお持ちなのですねと尋ねると、やや口ごもりながら、「そこまでは」と不明確な言い方をしました。

そして続けて取っ手から火が入った可能性もあるという説明に、技術社員が警察署内で見分した時判断ができなかったのですか、この製品を設計製造された会社自体を信用できませんねと言ってしまいました。

何とか自分たちのペースでと考えている様子、しかし具体的な内容の話を進めようとすると難色を示します。またこの繰り返しかと溜め息が出そうになったとき、お見舞い金の話が出ました。

一般的には三〇万～五〇万円ですが、私どもの場合は全焼火災ですのでと言いながら、こちらの出方を伺っています。

そこで私どもの方から、補償とか賠償の言葉が使えないのなら、具体的な金額を提示しお見舞い金として今後話し合うことでどうですかと提案し、初めて一応の進展に道が開かれたような気がしました。

次回も三洋電機から連絡することで帰社しました。


五月八日、前回の内容を踏まえて、お見舞い金として約一〇倍の三〇〇万円が提示されました。しかし私どもが、これはどういう意味のお金ですか？　と問いますと、お二人からは返事がありません。意味不明のお金は私どもは受け取る気持ちはありませんと言いますと、やっと口を開きました。こちらの考え通り、「これで全て終了の解決金」にしてくれとの要望です。

そんな話はないでしょうと突っ込みますと、「子供の使いではないのだから」と脅かすような言い草です。まるで私どもが悪いような発言に「子供の使いではないのだから」の言葉は、そのままそっくりお返ししますと突っぱねました。

両部長ともしばらく沈黙の状態が続きました。

「私どもはただお金が欲しくて交渉しているのではありません。

事故冷凍庫を製造販売した責任を追及し、誠意ある謝罪を求めているのです」

ややしばらく考えていた二人から期せずして私どもの損害金額を教えて欲しいと要望がありました。

「私どもの損害明細書は解決できるならいつでも提出できます。今日お渡しすることはできません」と、確実な回答を持参して、交渉に応じるよう再度お願いしてお帰りいただきました。

その後、井植社長へ、円満解決を自らの指示で南部長に言われているのなら、交渉の態度・姿勢にもっと誠意を示すことが大事ではないか、そうすることがお互いにとり早期解決の道につながるのではないかとする文書を差し出しました。

暗中模索の日々

六月二四日、藤部長から七月八日に会いたいと連絡が入りましたが、私の手紙と行き違いがあり、後日連絡をされることになりました。

七月五日の返書で、被害の実状と火災保険で受け取った金額、それに私どもの要求金額を示しました。そしてその後八月一二日午後二時に、いわき市平の駅前にある東急イン喫茶室で会う約束が伝えられました。

八月一二日、長女夫妻が同席、交渉に入りました。

まず三洋電機として、あくまでも一般的なものですがと保険会社が作成した「レストラン味郷の再評価について（概算）」一覧表を提出してきました。

私どもは井植社長への、良心的最低限の実質損害明細書を両部長に預け、必ず社長にご指示いただくようお願いしました。

お互いが提出した内容を見て、私どもは次のように主張しました。

「私どもはこの金額から受け取り保険金を差し引くと言われたことに納得いきません。保険は私どもが営業する中から掛け、今回の事故で受け取ったのであり、三洋電機に保険料を支払って貰ってはおりません。納得ゆきません。

そちらの明細書の金額で営業ができ、生活が可能なんですか、この明細書は最初に言われた通り私どもには当てはまりません。こんな無茶苦茶な内容で納得させようとする対応は許せません。なぜもっと誠実な返答をされないのですか。

あなたがたは一体何の役目で来たのですか、申し訳ないと思わないのですか、自分が私どもと同じ被害に遇ったときどうされますか？

私どもが出した金額が多額と驚かれていますが、私どもが失ったものの中には親の代から引き継いだ高価な思いの籠もった品々、娘の花嫁衣装、ヨーロッパから求めた逸品、子供たちの成長記録、写真など金額に表せない思いが詰まった物もありました。

自分たちの責任が全く無い火災で全て失ったのです。それらを含めればもっと請求金額は膨らみます」

そういうことを踏まえて賠償と謝罪を重ねて要求しました。

また同席した長女夫婦からも現場検証の立ち会い人として、状況からみて内部発火であると説明しました。

その次の交渉の九月四日の来宅には私どもは大きな進展の期待を抱いていました。

しかしまたもやそこには大きな穴に突き落とされたような裏切りしかありませんでした。期待どころか振り出しに戻す対応です。そして原因は不明であるとして今後は弁護士を立て別な所で話をしたい、事故冷凍庫の検証はいくら年数が経過してもできると言われました。私どもが冷凍庫を渡さないので、何時までも解決しないのだと言わんばかりの姿勢と読み取れました。

三洋電機からの連絡は、第三者（弁護士）を立てて欲しいとの要求だけです。新聞報道では、事業拡大と部門充実のため、井植社長が会長へ高野副社長が社長へ昇進と報じられました。

そして八木顧問弁護士から、「通知書」が届きました。

通知書

三洋電機株式会社の代理人として、貴殿の平成五年一二月二七日付書面に対し以下通知します。平成三年七月一日の貴殿の店舗の火災について、貴殿は繰返し、しかも、執拗に冷凍庫が火元であるのでその火災による損害を賠償するよう請求しています。ところで貴殿の主張では二点で三洋側を納得させるものではありません。一つは、冷凍庫の火元の点について、これは確定されておりません。その二は損害額です。客観的に容認される損害を証明して下さい。貴殿は火災保険の給付を受けているので、その給付事実と保険により補填された損害とその額を明確にする義務があります。その額を控除した残金が

損害であることは明白であります。以上二点は貴殿が主張し、証明することを要するものであります。仮に現在案として検討されているＰＬ法が立法化されても同様であります。上記二点を明確にすることなく云われる金額を賠償することこそ会社の体質を疑われイメージダウンになると考えております。以上の二点をクリヤーしていただければ三洋はいつでも誠意をもって対応します。なお、当職が右事件の交渉を一任されていますので、今後の通知と交渉は当代理人にされ度く願います。

右通知します。

平成六年一月一九日

三洋電機株式会社

〒一〇五　港区西新橋一丁目二一番八号

弁護士ビル三〇二・三〇三号室

右代理人弁護士　八木忠則

ＴＥＬ　〇三―（三五〇四）―二五七七

郡山市堤下町一―六一

北川公造殿

この通知書が示す通り、私どもの被害補償に誠実な対応をせず、これでもか、これでもかと潰しにかかるような対応に、ますます許せない気持ちに追いやられるのは被害者でなければ理解できない事なのでしょうか。

月日の経つのは早く、今後どう対処して行けば私ども被害者の願が適えられるか、暗中模索の日々が続きました。しかし商いの歩みは順調に、新たなお得意様もでき、安定してきました。

そんな時、大手企業にお勤めで地位のある方からアドバイスを受け、まずＰＬ問題でＮＨＫに出演していた京都の浅岡美恵弁護士へ、事故からここまでの経過を詳細に書きアドバイスをお願いしました。間もなく返事をいただき、私も関西でこういう問題を数多く関わっているが、遠方でお引き受けできず申し訳ない、この問題については地元で頑張っておられる方へお願いされればきっと道は開けます、と書かれてありました。

やや方向は掴めてきました。

そして生活の糧である商いに身を入れながら、一二月を迎え各方面のＰＬ法に精通し活躍されておられる方々へ事故冷凍庫の写真を添えお願いの文書を差し出しました。

私はご当人に間違いなく届くよう配達証明付きで出しました(とても多額の費用でしたがやはり藁をも掴む思いでしたから)。

地元選出国会議員を始め各新聞経済部編集長、良い発言をされていた評論家やテレビキャスター、月刊誌及び週刊誌編集長等などに訴えの手紙をだしました。

これらの方々からはなんの返事もありません。国民生活センターから営業用の事故品は取り扱いできませんとの返答があっただけです。

出会い――唯一の返答

こんな中で、ＰＬ法問題で活動されている、東京都地域婦人団体連盟事務局長（当時）田中里子様の紹介記事が読売新聞に掲載されていたので、田中様へ手紙を差し出しました。

私どものお願いに唯一返答下さったのが田中里子様でした。

私どもからの文書を読み、これは大変な問題だと思い電話したと後にお聞きしました。

田中様の細い声で、しかし一語一語諭すようなお話しは、やっと私どもの心が通じた天にも昇る温かい響きがあり、もう大丈夫よと言われているようで嬉し涙が溢れてきました。

この問題に明るいいい弁護士を紹介しますと言われたのが、ＰＬ弁護団で活躍されていた中村雅人弁護士でした。

そして私たちも応援しますからと心強いお言葉をいただきました。

早速紹介された中村雅人弁護士へお便りしました。

すぐ中村雅人弁護士と連絡が取れ、消防調書の入出ができないか消防署に問い合わせて下さいとのことでしたが、結局駄目でした。

ＰＬ弁護団技術スタッフの方ともお話をして、現状で勝つのは非常に困難だがお互い一生懸命頑張りましょうと、励ましと勇気をいただきました。

時効の三日前

四月に入り、三洋電機役員の中には骨のある人物もいるだろうと、三六名の役員個々へ事故写真を同封して手紙を出し返事をお願いしました。

しかしやはり真の正義を貫く「武士」はいませんでした。三宅祐司専務から役員代表として返答が届きました。内容は自分たちの事ばかり正当化するのに終始しており、「顧問弁護士から連絡させる」という内容に留まりました。

六月一六日、八木顧問弁護士から会社の方には責任が無いのに私どもが騒ぐからと、郡山簡易裁判所に「債務不存在を理由とする調停の申し立て」をする文書が届きました。

この文書を受け取った時点で私どもは、このままでは潰されてしまうと判断しました。

中村雅人弁護士に全てお願いする決心がつきました。

中村雅人弁護士にすぐ連絡し日程の調整をして、六月二八日、霞ヶ関の東京弁護士会館で会う約束ができました。

中村先生を中心に技術スタッフを含め一〇数名の先生方がおられ、実状をお話しいたしました。

先生方は一様に驚かれ、また時効三日前であることに二度びっくり。谷合周三先生が私どもの詳細な事情を別室でお聴きになってその日の深夜に東京中央郵便局から、中村雅人先生を今後の窓口とする引き受け書面を三洋電機に送付下さいました。

火災の現場を調べる

各部品を細細に調査

これに三洋電機側は不意を突かれた驚きと戸惑いがあったようです。
その後調停も不調に終わり、裁判に踏み切る調査が始まりました。

準備調査は、八月一九日まず事故品を詳細に調べることと、警察署・消防署へ行き火災状況を聞くことでした。澤藤統一郎先生、谷合周三先生に技術スタッフが来て下さり、私といわき中央警察署に八島正行係長を訪ね、調書を元に話を聞きました。内郷消防署は副署長と課長が応対してくれましたが、調書の提示も無く余り話をしてくれません。しかし、帰り際に「冷凍庫以外発火元は無い」と言われ大きな収穫に繋がりました。

昼食後、倉庫からそーっと事故品を出し、各部品を細部にわたり検証しました。

しかし、見つからない部品もありそれはそれは大変な作業でした。

同日の調査の結果、冷凍庫からの出火に間違いがない事が判り裁判に向け一層の自信ができました。

提訴までにはまだまだ私どもがしなければならない調査や多くの作業があり、立証するための苦労は本当に大変なものでした。またこの間先生方との打ち合わせにも熱が入りいよいよ裁判だという実感がふつふつと湧いて来ました。

真実を勝ち得るまでの厳しい日々

平成六年一二月一四日一三時、谷合周三先生とご一緒に、東京地方裁判所に訴状を提出、真実の裁定を司法の場に委ねることになりました。その日はちょうど世に言う討ち入りの日でした。

一三時三〇分、司法記者クラブでテレビ・新聞報道関係者に対する記者会見。今までの交渉経過を記した資料を見せながら中村雅人先生からＰＬ法の現状について、私どもからは経過及び今まで泣き寝入りさせられた多くの方たちのため、今後のお役に立てるよう頑張りたいと、こころの内を、激白しました。記者会見の内容は夜のニュース、翌日の朝刊に大きく取り上げられました。

早速各地から「私どももこういう被害を受けた、勝訴を信じ頑張って下さい、応援します」と励ましの電話をいただきました。

一夜明け私どもも多くの方々の励ましをいただき、《真実は絶対に勝つ》を心に決め、先生方の強いご助力をお願いし、田中里子先生方のご支援をいただきながら、歩む勇気が湧いておりました。

早速、三洋電機側は私どもが自分の生活から掛け、受け取った保険金について保険会社に資料を提出を請求したり、事故品と同型冷凍庫について、服部コーヒーいわき営業所に納入先をたずねても「判りません」と箝口令を敷くような行為もありました。

それは製造番号が記入された納品伝票確認のため服部コーヒーを訪れたとき、私どもへの伝票一枚だけが紛失していたことでも全てが明らかでした。

その後裁判中に裁判長から再三伝票について被告側に答弁を求めましたが、古いことで判りませんととぼけて不明のままです。

裁判の開廷

平成七年（一九九五年）二月二八日、東京地裁での裁判が開廷となりました。準備書面の交換で始まり、中村先生が裁判長に、「今日は原告が来ておりますので一言発言させて下さい」と許可を求めました。私は「今回は大変お世話さまになります。現場検証の結果冷凍庫からの出火が証明され、私どもには一切過失責任はないことを言われました。どうか公正な裁判をお願いします」と申し上げました。

その後消防調書や、四月後半には全国で始めての警察調書が提出され、これで万全の準備が整いました。ＰＬ弁護団夏季研修は事故品の再検証を兼ねて行われ、九月六日に裁判所・原告・被告によるいわき市での事故品検証に弾みがつき早期解決の期待も膨らみました。

ＰＬ法の施行を受けた企画で、ＮＨＫ福島放送局から私どもの事故現状を取り上げ、特集で放映していただき、東京地婦連の「婦人時報」五〇〇号記念紙面にも《泣き寝入りは止めましょう》〝欠陥冷凍庫で裁判――原告北川さん夫妻にＰＬ弁護団〟として大きく掲載下さいました。

ＰＬ法施行欠陥商品一一〇番全国本部（全国婦人会館）に上京、多くの理解者とお話しできたことも大変勉強になりました。

「婦人時報」にはこれらを含め、裁判の「傍聴記」としてポイント・ポイントで確かな目で見た状況を掲載していただき、その都度勇気を倍々といただきました。

郡山市でも、ＰＬ法制定パネル展が開催され私どもの事故写真を有効に利用して下さいました。

その前には横浜国立大学工学部・安全工学教室・清水久二教授からも是非協力したい旨お話があり、大学を訪問し、アドバイスを受けました。その後もご自分の経験を生かした発言をいただき大変参考になりました。

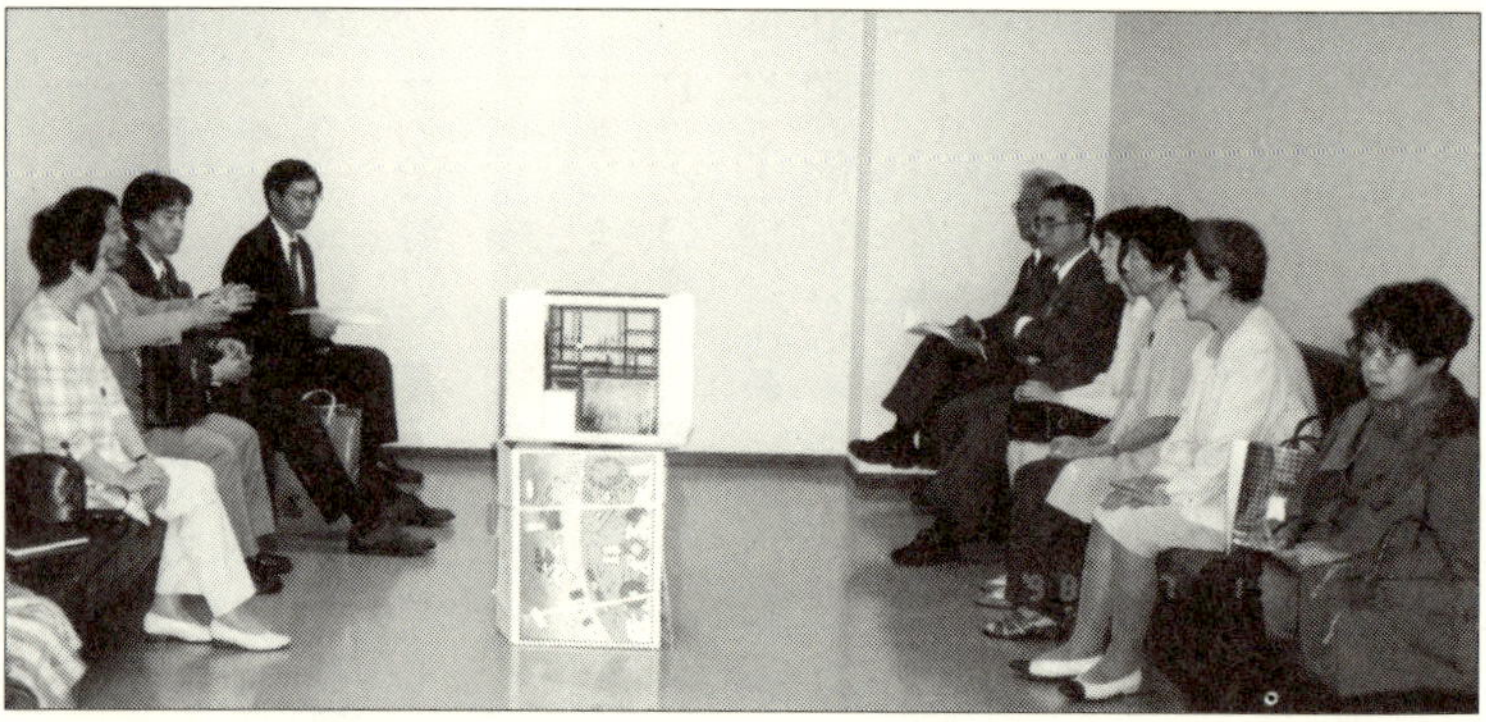

ラウンドテーブル方式の審議の後で

九月六日、残暑の中いわき市労働福祉会館大会議室を借りて、再三の要求でやっと提出された事故品と同型の見分が裁判官立会の下で行われました。しかし分解は拒否され外からの説明に留まりました。

午後から倉庫に保管されている事故品の検証に移り、現状では動かすことは無理との判断でライトを持ち込み、異常な熱気のなか細部にわたり質問を交え論議しながら検証しました。

この長時間の検証は満田明彦裁判長始め判事、書記官も事故冷凍庫の焼けただれた惨さに驚き、火元に間違いないとする印象を持たれたと判断しています。

その後の審理経過は資料編の年表に譲ります。一九九八年一二月一日の予定が被告側の延期申請で一二月一五日になりました。そしてその日が審理最終の結審です。

中村先生から裁判長に、私どもが欠かさず出廷していますので、原告に一言発言させて下さいと申請しました。許可をいただきましたので、三洋電機近藤社長の月刊誌『プレジデント』掲載の発言を取り上げ、「この考えを重要と心得られているのであれば、なぜ私どもへ誠意ある対応が素直に遂行されないのか、私どもは全製品が欠陥商品とは言ってはいない、このように社会常識から外れた行為は決して許されるべきではない」と強く述べ、加藤裁判長の著書に書かれている、「勝たせるべきものを勝たせ・負けさせるべきものを負かせる」の言葉を引用、初回の法廷で発言した、現場検証で冷凍庫出火と言われ、「私どもの過失責任は一切ありません」と明言された事を、公平にご判断お願いしますと申し上げ、また支援傍聴の皆様を含めこれまでの励ましに心から感謝しますと申し上げました。

勝訴の反響

冒頭に述べた勝訴判決のニュースがテレビ、新聞などで伝わると多くの方々から、「おめでとう、よく頑張りましたね。この判決はきっとこれからの被害者の大きな、強い支えになるでしょう」と、心からのねぎらいを受けました。

横浜国立大学・清水久二教授からのメッセージには《永年のご苦労大変だったと思います》。そして三洋電機が控訴を取り下げ完全勝訴が確定のおりには《長い間お疲れさまでした、これでＰＬ法の精神が着実に普及してゆくものと思われます》と書かれておりました。

また、お体がご不自由のなか常に励まして下さった郡山在住の根来婧子様が、大企業を相手に一個人が、真実は一つと粘りと努力で倒せたことを例えられて、「アリがゾウを倒した」と言って下さいました。そしてニュースを見ながら胸一杯で泣きましたと綴られておりました。

ここまで一心同体の心でご支援下さった東京都地域婦人団体連盟の会報「婦人時報」九月号（九月一五日発行）には、「ＰＬ法ふまえた判決を高く評価」と一面に詳しく掲載して下さいました。また、同じく消費者活動に日々尽力されておられる主婦連合会の会報「主婦連たより」でも、「ＰＬ法の考え方をいかした内容」と評価された記事が掲載されました。

この裁判には消費者運動を支えている多くの方々が傍聴されました。

その中で日本消費生活専門相談員協議会の会員の皆さんの数多い傍聴支援、多くの皆さまの励まし、そして勝訴の喜びを分かち合えたことに心から感謝申し上げます。

三洋電機製品被害者の声から

平成九年九月二九日、神奈川県相模原市で三洋電機製造の冷蔵ショーケースから発火、居酒屋を全焼された被害者、安藤さんに対する三洋電機の対応姿勢は、私どもの場合と同じでした。

早い段階で保険会社の弁護士を立て交渉したが、連絡もこちらからしなければ対応してこない姿勢で困っているということでした。

そんな状況のなか私どもと接点ができ、いろいろお話を聞くようになり、私どもの裁判にも傍聴にきて下さいました。私どものアドバイスで、三洋電機社長へ実状を訴える手紙を出され、それから間もなく三洋電機からの動きがありました。

しかし安藤さんは繁盛店を失い、改装再開してもお客様は減少し、苦しさに追われる日々だと嘆かれていました。安藤さんも言われる通り飲食店の場合、火災などで閉店を余儀なくされ再開しても一旦離れたお客様が戻る確率は、低いのが現状です。

それからも大変辛い生活が続いていることを最近も聞いております。現在は再開した店も閉め、住まいも変わり、銀行などの大きい借り入れの支払に追われていると聞きました。責任が無いのに被害者はなぜ泣かなければならないのでしょうか。

企業のこういう被害者をないがしろにする姿勢によって、一旦被害にあえば、なかなか立ち上がることは不可能で、被害者は苦難の日々を過ごさざるをえない事態を招きます。このように泣き寝入りしている被害者は非常に多いのです。

なぜ突然受けた被害がもとで、こんなに苦しまなければならないのでしょうか？

家電製品に限らず、モデルチェンジばかりに心血を注がないで、長期間使えるしっかりした物造りを製造の根幹として考える時期に来ていると思います。

製品事故は今日にも、明日にも起きる可能性が現実の社会にはあります。これだけの被害者が出ていても日本には、何ら処罰の法規制が無く、謝罪も行われていないのが現状です。

先般イギリスＢＢＣ放送の取材を受けましたが、消費者は購買することで会社に利益を与えているのだ。だから被害を受けたときは堂々と請求すべきだし、一方会社は誠意を持って謝罪賠償することは当然だ。私どもに対し完全勝訴が下されても未だ長期間の精神的、生活上の苦難に対する謝罪が履行されない三洋電機は、社会的にも制裁を受けるのが当たり前、日本の消費者は弱すぎると厳しい評価をしておられました。

現在進められている司法改革の内容にも、是が非でも日本の消費者がこうした製造物被害からすみやかに救済されるような制度を実現していただき、国民が平等に権利を行使してゆける社会になるよう大きな願いを託します。

ミスター&ミセスPL

平成一一年一一月六日、私どもは、地元で励まし、ご支援下さった方々をお招きして、勝訴報告会を開催しました。東京から中村雅人PL弁護団団長、鈴木將成技術鑑定士、田中里子東京都地域婦人団体連盟常任参与、同水野英子副会長、太田吉泰全国消費者団体連絡会元事務局長をお迎えして、それぞれの立場からこの勝訴について詳しくお話しいただき、皆さんに一層身近な事故であることの認識と理解を得る最高の機会となりました。

この会の中で、全国消団連の立場からPL問題に一生懸命ご尽力されてきた太田様より発言があり、これまで皆さんから、自分がミスターPLと呼ばれてきたが、これからは北川ご夫妻が本当の意味で「ミスター&ミセスPL」であると述べられ開場から暖かい拍手が湧きました。

この報告会は、私どもが皆さまからこれまで励まし、支えていただいたお礼の気持ちで開かせてもらいましたので、お祝い金はいただかず、東京地婦連「緑の銀行」に寄付し、東京夢の島、ビキニ環礁で被爆した「第五福竜丸」の保存記念館前の〞紅八重大島桜〟植樹の一部としてしてお役立ていただきました。

毎年、世界の核廃絶運動の中、平和を願って美しい花を咲かせてくれると楽しみにしております。

ＰＬ冷凍庫裁判訴訟報告会
平成 11 年 11 月 6 日　郡山市ホテル、ハマツにて

まとめ

それぞれに　心いただき
ここまでの
歩みに報う　春の曙

この歌は年頭に詠んだものですが、最後が〝夏の輝き〟になりました。この勝利は消費者全体が勝ち得たものです。

火災事故から相対交渉、そして完全勝訴までの裁判の年月を通し、やはり年齢的体力の維持に疲れを覚え、このまま商いをすることに不安を感じました。持ち家を焼かれ、借家住まいの今後を考えての判断もありました。ここまでご支援、励まして下さいましたお得意様には大変申し訳ないと思いつつ、平成一二年（二〇〇〇年）八月三一日喜怒哀楽の思い出ぶかい商いを閉じ、横浜市に越して参りました。

火災発生が平成三年七月一日（国民安全の日）、そしてＰＬ法制定施行が四年後の平成七年七月一日、このＰＬ法の精神を踏まえた勇気ある完全勝訴を辛苦の末に勝ち取った、平成一一年八月三一日は、奇しくも妻、丈子の父の命日でした。

この日は早くに起床、一升のお赤飯を作り、お祝い色の三段の重箱に詰め、寿の文字が書かれた風呂敷に包み上京しました。ここまで心からご支援下さった皆さまに、私どもの感謝の気持ちを伝えたい、たとえ一口ずつでも召し上がっていただければとの思いでした。

この心が判決にも反映できたのでしょう。記者会見後、いつものミーティングと違い晴れやかな雰囲気で話が弾みました。帰りには皆さまの励まし、温もりの言葉を一杯いただき帰宅しました。

これからは《被害者でここまで頑張れた》経験を生かす相談窓口というか、最初のお話し相手としての活動に人生の歩みを方向転換したいと考えております。

「現在、自分に過失がない事故で、企業の対応姿勢にお困りの方是非連絡して下さい。一人より二人、きっと心が開け勇気が湧いてきます。ご一緒に頑張りませんか」と製造物の被害でお悩みの方々との《心の輪》を広げたいと、思っております。

お知り合いの出来事でも解決の糸口を見つける努力をしてみませんか。

この問題に関心のある方は左記にご連絡下さい。

心の輪をつなげよう

E-mail:kitakawa@mcc.spacetown.ne.jp

私どものこの完全勝訴は、被害者、消費者にとって今後の大きな一石となると確信しております。

見えない糸につながれて……

東京都地域婦人団体連盟　常任参与　田中里子

「見えない糸につながれている」ということが実感される北川さんとの出会いでした。

1993年12月20日、配達証明付きの角封筒に墨で立派に書かれた「東京地婦連事務局長　田中里子」宛の文字を見て、全く一面識もない差出人北川公造とある分厚い文書の封を切りました。

火災原因となった「冷凍庫」の写真をはじめ、レストランの厨房、食器棚、冷凍庫付近等々の火災現場の写真がぎっしり入ったファイル、そして火災前後の北川さん自身の行動、核心部分の警察、消防の現場検証の様子が実に客観的に記録されていました。さらに三洋電機との交渉、91年7月1日の火災からの苦悩の日々が綴られているのを読んで胸が打たれました。

「何とかしなければ！」私の率直な気持ちでした。ちょうどそのころ、20年がかりで消費者が求めつづけたＰＬ法がようやく法案づくりまで進んできました。しかし、最も私たちが当初から主張して止まなかった消費者の立証を軽減する「推定規定」は見送られる公算が大きくなっていました。消費者側も、もし被害にあったときはできる限り客観的な証拠を残そう、事故品の写真やそのときの記録が必要と呼びかけていました。それを正に実行に移された北川さん。いま考えると、そのとき私は見ず知らずの北川さんに賭ける思いがあったのかもしれません。運動仲間の中村雅人弁護士にすぐさま電話し、了解を得て郡山の北川さんに「とにかく中村弁護士に相談を」と伝えました。

94年12月14日東京地裁に提訴された後、私たちにできることは何か、それは東京地婦連としての支援体制づくりでした。まず傍聴、機関紙「婦人時報」でのＰＲ、学習会など。特に傍聴は、ＰＬ法を理解する上に役立ち、さらに裁判長と向き合う傍聴席の私たちの表情は、ものいわぬ司法参加につながるものでした。99年8月31日、勝訴判決を手にした感激と共に、私は加藤新太郎裁判長が冷凍庫の欠陥について原告弁護団が主張する「事実上の推定」を採用された嬉しさをかみしめました。

ふりかえって、北川さんご夫妻に巡り会えた縁《えにし》に感謝するばかりです。

裁判支援・傍聴記 2

サンヨー冷凍庫火災事件の勝訴について

消費生活アドバイザー　大島暢子

大企業を相手に、その会社の冷凍庫が自ら火を噴いたことを証明し、納得させることの難しさ、結果がたとえ勝訴になっても手放しで喜べないのは私だけではないでしょう。４年半、計24回にわたる裁判、その前３年間の示談交渉という時間の長さ。さらに被告は企業の威信をかけて冷凍庫から出火しないと主張し、あいまいのまま解決金300万円を提示しました。しかし北川さんは妥協せず、困難を覚悟の上で、真実を明らかにしたいと思う信念を貫き、裁判に持ちこみました。しかし、すべての被害者（消費者）は第二、第三の北川さんになれるでしょうか。あまりに時間的・経済的負担が大きいのです。

ＰＬ法は消費者がより簡便に訴訟できる、あるいは被害救済がなされるという趣旨でつくられたのでした。その精神は、判決で述べてはいますが、実際には訴訟への道のりでは全く役に立ちませんでした。この訴訟は、ＰＬ法制定が叫ばれている真っ最中でありましたが。ＰＬ法が存在する現在ならば、ずっと簡単に解決に向かえるようになったでしょうか。

被害者が第一に相談に赴く消費者センターは自治体の財政難によってテスト機関を含め、縮小傾向にあります。さらに消費者相談はクレジットや通販など金融や契約被害が増加し商品の欠陥を追求する余裕と機能は後退しています。民間の裁判外紛争処理機関であるＰＬセンターへ、消費者センターは事故の原因追求と対応を任すことが多くなったと思われます。

ＰＬセンターは企業の出資、元企業の出身者で固められ、テストは業界の研究所、検査機関が主に行います。その結果の公平性、妥当性について外部から知るよしもありません。なぜなら、受付件数や概要の公表はしても、ブランド名や処理内容については原則非公開としているところが多いからです。裁定や調停機能は内部にはありますが、そこで正式に争われることは稀です。

被害者が納得できない場合、そして判決文における透明性、公開性を求めるならば、勇気をもって裁判を志すしかありません。その裁判の負担を軽減するために、より多くのＰＬ裁判の動向を知り、市民の一人として参画し、ＰＬ法を活きた法として使いこなしていく実績を挙げていくことだと思います。

Ⅱ

技術士からの検証

――冷凍庫事件の反省と教訓

技術士　鈴木將成

なぜ、誰のせいなのか

一九九一年（平成三年）夏のこと、福島県の阿武隈高地の山合いでつましく飲食店を営んでいた北川さん方が火事で全焼しました。焼け跡を調べると、使っていた冷凍庫の焼け方がひどく、ほかに原因が見当たらないところから、出火原因は冷凍庫に違いないとして、北川さんはメーカーの三洋電機と損害賠償の交渉を続けました。しかし三年がたっても解決のめどが立たず、時効が目前に迫っていました。

そこで北川さんは、メーカーを相手に裁判所に訴え出ました。しかし目撃者がいないうえ警察や消防の調べは決め手を欠き、証拠品も消滅しています。「なぜ起きたのか」「誰のせいなのか」をめぐって四年半、身も心もくたくたになったころ、やっと判決をもらいました。さいわい主張が認められたものの、この気が遠くなるような長丁場を振り返ると、めでたさも中ぐらいかな、という気がします。

ＰＬ裁判の多くは個人が企業を向こうに回して争うという、いってみればアリとゾウの闘いに例えられます。一説に被害者・原告の勝訴率は一、二割にとどまるといいます。認められなかった残りの八、九割がみんな被害者の不当な訴えばかりとも思えないので、かなり多くの被害が原因や責任の追及がなされることもなく宙に浮き、被害者の「あきらめ」や「泣き寝入り」に終わっている可能性があります。

冷凍庫事件を通じて私たちは、原因の究明や立証の仕方についてさまざまな教訓を得て、この閉塞感に満ちた情況にブレークのきざしをつかむことができました。この成果が被害の救済や事故の防止に貢献してくれれば幸いです。

ぼう然と立ちつくす…

今はどこの家庭にも電気製品がいっぱいあって、私たちは毎日けっこう便利に使っています。電気製品が時には故障したり、どうかすると煙が出たりする、ということぐらいは承知しています。けれどもその製品がある日突然ぱーっと火を噴いて家一軒を燃やしてしまう、などということは夢にも思っていません。でも考えてみれば、電気はばく大なエネルギー源に直結しています。たった二本の電線に乗って家の中の奥深く、すみずみまで入り込んでいて、まちがって漏れたりショートすると、とんだ災害をもたらしかねません。

もし現実にそんなことが起きたとしたら、どうしたらよいのでしょうか。今はＰＬ制度があって、「製品が悪い場合にはメーカーが責任をとってくれる」とどこかで聞いたことがあります。でもそれで、失ったものが本当に戻ってくるのでしょうか。

それよりも突然に焼け出されたとしたら、その日から日常生活はたちまち行きづまってしまいます。食事の支度もできない、着替えもない、お風呂もダメ、今夜寝るところはどうしよう、銀行預金は下ろせるのだろうか、焼け跡はどう片付ける、明日からの学校や会社はどうしよう、役所への届けは、ご近所には……次から次へ初めてのことがいっぱい押し寄せてきて、たいがいの人はパニックに陥ってしまいます。

「わが家の焼け跡に、ただぼう然と立ちつくすことぐらい惨めなものはない」とある被災者は語っています。まだまだ私たちは日ごろ一人前のような顔をしていても、突然の災難に見舞われたら、とたんに無力でか弱い人になってしまうのですね。

わたしの落ち度かしら？

「奥さんこれですよ」。焼け跡をたんねんに調べていた警察と消防の係官は、心配そうにじっと成り行きを見守っていた北川さんたちにそういってあるものを指さしました。そこには焼け崩れてひしゃげた鉄の箱が一つ、ごろんと横たわっています。

被災者にとってやりきれないのは、火事で何もかも失ってしまった無念さもさることながら、「自分の家から火を出した」という自責の念と、後で強いお叱りや重い罰を受けるのではないかという怖れです。そのためにもいったい何が原因だったのか早く知りたいし、それがわからないうちは夜もおちおち眠れず、食事ものどを通りません。

その係官は、そうした被災者の心情を察して、ようやくつきとめた出火原因を、そっと耳元でささやいてくれたのですね。「悪いのはこれなんだから心配しなさんな」って。北川さんたちは、ともかくそれでほっと一息つきました。

その鉄の箱をよくよく見ると、四年ものあいだ毎日使い続けてきた、あの純白な冷凍庫の変わり果てた姿だということがわかりました。これがあれかとびっくりするぐらい見るかげもなく、焼け崩れて薄汚れていました。これがその後、延々と八年間にわたって続く抗争の元になる「冷凍庫」だったのです。

冷凍庫というのは、冷凍食品や氷菓、砕き氷などを凍らせたまま保存するのに使います。電気冷蔵庫の冷凍室（フリーザー）を独立して大きくしたもので、庫内の温度はマイナス二〇度の低温に保たれています。

不思議なのは、警察と消防があれほど出火原因をつきとめてくれたのに、なぜ解決まで八年もかかったのでしょうか。

出火原因は不明とする？

「私たちに落ち度はなく失火ではありません」と被災者が口を酸っぱくして繰り返すより、警察や消防が出火原因をはっきり書類にしてくれれば、これほど心強いことはありません。ただでさえ失意のどん底にある被災者のもとには、お見舞いや励ましの言葉に混じって「あの家は火を出したのよ」「不審火だって」「火元の不始末にちがいない」「保険金目当てじゃないの」……などといわれなき中傷や陰口がもれ聞こえてきて、すっかり落ち込んでしまうのですから。

ところが意外にも後日、消防署が作った判定書を見ると、「冷凍庫置き場の付近より出火した」とか「冷凍庫内部の発火原因は不明」となっていて、はっきりと「冷凍庫から出火した」とはどこにも書いてありません。警察署にいたっては「出火原因は不明とする」とにべもない。これはいったいどう理解したらよいのでしょうか。「冷凍庫が発火した」という意味なのか、それとも「冷凍庫ではなく、その置き場付近に別の火源があった」という意味か、わけがわかりません。

あの時、焼け跡で係官が「これ」と冷凍庫に向かって指さしたのは何だったのでしょうか。被災者のわらにもすがる思いはどこへやら、これではまるで狐につままれたような気分です。

焼けた冷凍庫を見直す

火事がおさまると、警察や消防は出火原因について焼け跡を調査した後、疑わしい事故品があれば署へ持ち帰ってさらに詳しく調べます。その後で事故品は所有者の元へ戻されてきます。

さてそれをどうしたものか。当の北川さんはさぞ迷ったことでしょう。事故品は崩れて薄汚れ、見るも無残な姿をさらしています。すでに警察と消防はしっかりと原因をつきとめてくれたはずだし、もう御用済みなのは明らかです。折から目の前では、焼けた家屋をショベルカーがバシバシと取り壊しの真っ最中でしたから、ひとこと頼めば、一緒にきれいさっぱり処分してくれるはずです。せめて明日から気をとり直して再出発するため、悪夢のような残骸は一刻も早く葬ってしまいたいのは人情ですからね。

ところが北川さんは何を思ったのか、一度はサインした書類を破り捨て、その冷凍庫をとっておくといい出しました。当時は、少なくとも事故は事故として円満解決に向かうことを誰も信じて疑わなかったし、まして裁判に持ち込むなどということは予想もしなかったわけですから。保管を頼みにいった親類宅でも、何でまたそんな使えもしないものを？　といぶかりながらも、しまいには根負けして、まあそんなに言うんならいいよ、といって冷凍庫を預かることに同意してくれたということです。

この焼けた冷凍庫は、貴重な証拠品として四年後に復活することになり、後々まで大活躍。いろいろなヒントを与えてくれる源泉になりました。そうなってから人々は、しめ縄こそ張らなかったものの、「よくもまあ残っていてくれた」「これのおかげさ」などといって焼けた冷凍庫をしみじみと見直し、それからは宝物としてあが

取り壊し中の北川
さん方の全焼家屋

警察から戻った直
後の事故品冷凍庫

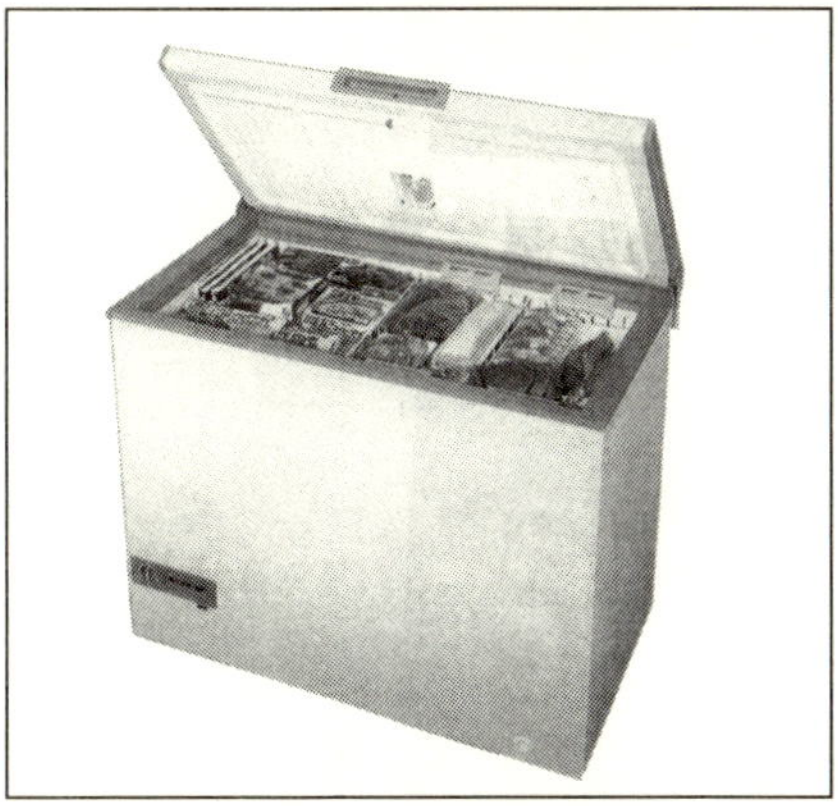

事故品と同型の冷凍庫
三洋電機製 SCR-C280

めるようになったということです。さすが北川さんのお店で四年間もお世話になっただけあって、その冷凍庫は焼けてなお、積年の恩を立派に返してくれたのですねえ。

アリとゾウの闘い

実のところ、この事件は初め絶望感に満ちていました。ほかの多くの火災の場合と同じように、原因は冷凍庫らしいということはわかっていても、目撃者がいないうえ警察や消防の調書はもう一つ決め手を欠き、証拠品はほとんど焼失しています。これでどうやって裁判に臨んだらいいのか。

「目撃」について。燃え始めた初期に目撃者がいてくれれば、原因究明の有力な手がかりになります。しかし北川さん方では、戸締まりをして出かけた留守中に出火したというので、目撃者は全く期待できません。

「調書」について。警察や消防が出火した場所や原因をつきとめ、「出火原因は冷凍庫」と断定した書類にしてくれればともかく、実際には「冷凍庫の付近から出火した」「冷凍庫内部の発火原因は不明」（消防署）とか「出火原因は不明」（警察署）という具合に決め手を欠いています。すると、すかさずメーカーは「警察が『原因不明』といっているのに、なぜ製品のメーカーが責任をとらなければならいのか」と反論をまくしたててきます。双方の言い分が互角だったら、原告・被災者にはまず分がありません。

「物証」について。冷凍庫はあらかた焼けてしまったため、発火点や延焼経路を示すものがほとんど残っていません。もともとそうしたものが現場に存在していたのかどうかさえわかりません。

額を集めていた一同の雰囲気は重苦しく、困惑に満ちていました。確かに原因は被災者のいう通りかも知れないと同情しつつも、根拠が不十分なら全ての努力は徒労に終わる可能性もあるわけで、そうなれば被害者はなおさら惨めな思いを味わうことになるからです。この閉塞感を何とか突破できないものかと思いつつも、頭の片隅では潔く引き下がる時の慰めの言葉をあれこれ模索していました。ＰＬ裁判ともなれば、アリがゾウに立ち向かうことになるのが目に見えていましたから。

火災の証拠は乏しい

何しろ火災という強大な破壊力が猛威を振るった後、その焼け跡から原因とおぼしい証拠や痕跡を探し出すのはとても難しいことです。もし火の回りが早くて消火活動が及ばず、全部が灰になってしまったとしたら、そこに存在したかもしれない発火の原因を示す証拠も同時に失われてしまいます。かといって「燃えてしまった」こと自体は自然現象なので、「誰かのせい」にして責任を追及することはできません。

しかしこうした証拠や痕跡の自然消滅が、一方的に被災者の「あきらめ」や「泣き寝入り」など行き場のない不幸をもたらし、反面でメーカーの製品責任を免責する結果になるとすれば、やりきれない思いがつのります。被災者を救済しようとする時、この問題が長い間の懸案でした。

火災の報に接したメーカーが自社製品に対して、「どうせなら中途半端でなく、とことん燃え尽きてもらいたい」などとひそかに願ったり、「おかげ様で跡形なく燃えてくれて…」とほっと胸をなでおろすような光景は、どう考えても健全とはいえません。こうした事態を改善する手立てはないものでしょうか。

裁判所はこの点に関して、欠陥を特定したり出火のメカニズムの解明を被災者に課すことは適当ではないとして、「損害の公平な分担という不法行為法の理念に反するものであり、妥当でない。このことは、製品が完全に損壊し、欠陥を特定することができなくなった場合には、常に製造者が免責されることになってしまう事態を想定すれば明らかである。」といっています（判決：第六、当裁判所の判断の二、3補論の(二)〈本書二二三頁〉）。

つまり、たまたま証拠や痕跡が消滅してしまったからといって、それで製品原因を否定したり、被災者の訴えを一律に退けるのはよくない、というわけです。ここには発生した被害をできるだけ救済しようという姿勢をかいま見ることができます。

でも現実問題として、手がかりや証拠の乏しい状況から、いったいどうやって「製品の欠陥」を立証すればよいのでしょうか。ここから次の展開が始まります。

板壁に突破口を開く

「まてよ」「ひょっとすると…」と思い直したのは、警察と消防が作った調書をぱらぱらとめくっていた時です。なるほど調書の結論には冷凍庫が原因であるとはどこにも書いてありません。しかしそこに添えられた写真やスケッチには冷凍庫置き場を取り囲む板壁に「V字形の焼け跡」を見せています（七八頁、F）。

V字形の焼け跡というのは、板壁の途中に燃え着いた火が、天井の方向へ扇状に燃え広がった末広がりの跡を示すものです。そのV字形の焼け跡の上に冷凍庫のシルエット（輪郭）を切り抜いて重ねてみると、ピタリ符合するではありませんか。板壁と冷凍庫の関係が濃密なのは明らかです。

これを順序立てて考えると、まず冷凍庫が燃え出して火が噴き出し、これが後ろの板壁に燃え移り、次に建物に延焼していった情景が浮かび上がってきます。それまで焼けた冷凍庫の方にばかり気を取られていたのが、目先を後ろの板壁の方へ向けたとたん、そこにはスクリーンを仰ぐように鮮やかな「火渡りの軌跡」が投影されていたのです。

ともかくこれで、板壁の跡模様からさかのぼることによって「原因は冷凍庫かも知れない」という可能性の糸口がつかめて、原因究明にいちるの望みが出てきました。この後に続く審理では、冷凍庫が占めていたはずの主役の座を、いつの間にか脇役の板壁が取って代わった感があります。それだけに、この時の着眼はかなり的を射たものといってよいでしょう。少し大げさにいえば、ここの一点に注目して展開して行けば、あるいは被害者を絶望の淵から救い上げることができるかもしれない、との思いがわきあがってきました。

着眼点を少しずらして新たな物語が始まるというパラダイム・チェンジが目の前に出現した感があります。

真相は口元まで出かけている

あらためて消防の調書を読み返すと、「後ろの板壁には逆三角形に燃え上がった跡がある」とはっきり書いてあります。逆三角形とはV字形のこと。実は警察と消防はなかなか緻密で誠実なよい仕事を残していました。

ではなぜ警察と消防は出火原因をズバリ「冷凍庫」としなかったのでしょうか。それには彼らの職務を理解する必要があります。ふつう警察と消防は周囲の状況からいくらその製品が疑わしいと思っても、それを裏付ける確かな証拠や痕跡が伴わない限り、原因製品やメーカーを名指しにすることはありません。

冷凍庫の場合、現場の状況判断からすれば「製品が九〇パーセント黒」と踏んだのかも知れません。しかし製

事故品冷凍庫と背後の板壁の関係

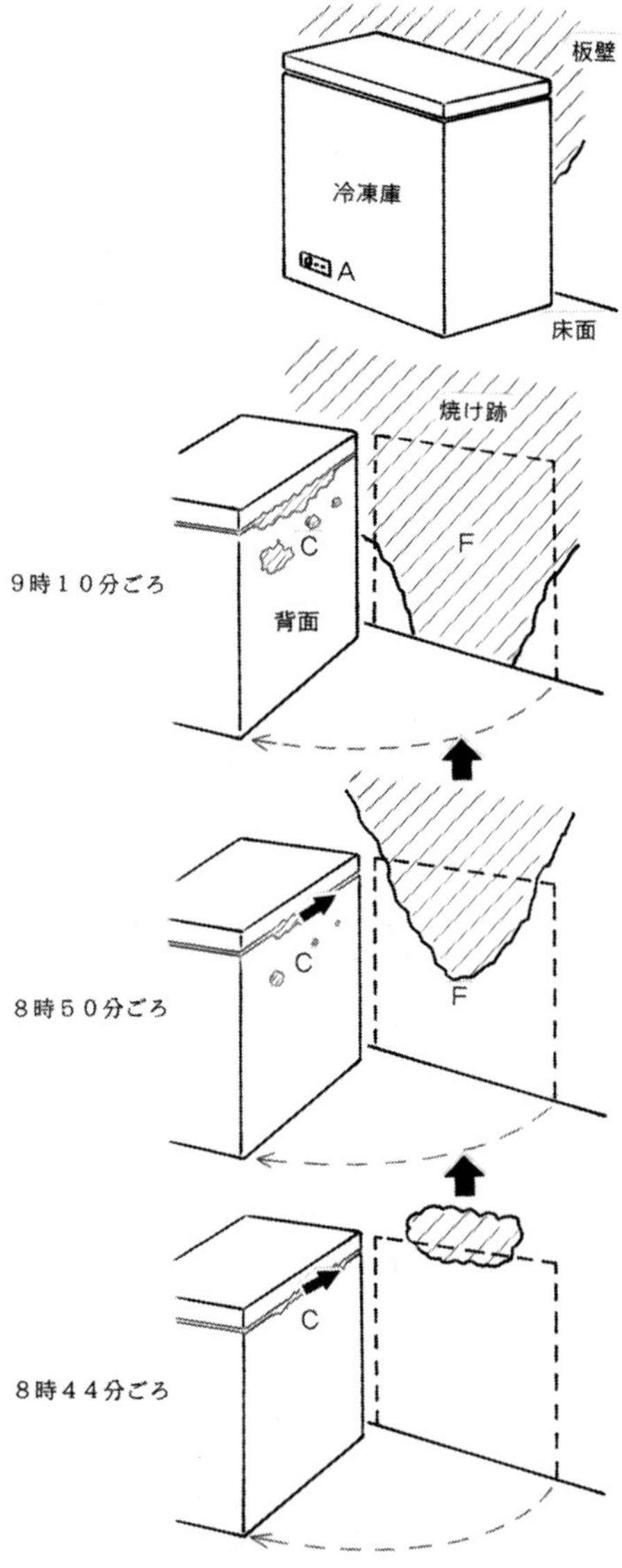

焼け跡に残った冷凍庫と板壁（**A**は操作パネル）

冷凍庫を板壁から引き離してみるとV字形の焼け跡**F**が現れた（警察と消防の記録図より）冷凍庫の背面シルエットと背後の板壁のV字形の焼け跡が符合

時間を戻してみると、板壁はV字形に燃え下がり中（推定図）

火災の初期、冷凍庫の上端の隙間**C**から火が噴き出して、板壁に燃え移った（推定図）

品の内部からは発火を裏付ける証拠や痕跡を見出せなかったので、そういう表現に踏みとどまったのでしょう。しかし、だからといってメーカー側がこだわるように、警察や消防が「冷凍庫は出火原因ではない」と製品原因を積極的に否定しているわけではありません。それは悪乗りというものです。

このように、警察や消防が出火原因を特定していないからといって、原告・被災者は少しも悲観することはありません。調書の中では「九分通り製品が原因」という本音が口元まで出かかっていることが多いのです。そういう場合には視点や思考を明確にして、そのいわんとするところをていねいに指摘することによって真意を読み解き、解決の道を開くように努力すべきでしょう。それで被害の救済に一歩でも近付くことができるからです。

事故品が語りはじめる

後ろの板壁に冷凍庫の投影痕跡を見つけたので、次はこれに対応する冷凍庫側の様子が見たくなります。しかし残念ながら調書の説明や写真ではそこまで確かめることができません。

そこで思い出したのが、被災者の北川さんが大事にとってあるという焼けた冷凍庫のことです。聞けばあの時以来、遠くいわき市内の親類宅で納屋にしまってあるという。

すぐに現地へおもむきました。すると、かの冷凍庫は小さなお堂のような納屋の真ん中で、大きな厚い座ぶとんの上に鎮座していました。

すかさず冷凍庫の後ろ側をのぞき込むと、何とそこには大きな爆裂口がいくつも並んでいて、いかにも火が噴き出した様子がありありです。その時の写真（八一頁）のC部を見て下さい。

さらにほかへ目を向けると、冷凍庫の正面側にも爆裂口があります（A）。今まで後ろ側にばかりに気を取られていたので、これは意外でした。これはいったい何だ。しばらくして浮かんだのが、最初にここで電気がショートして発火し、その火が冷凍庫の中を燃え伝わって後ろ側へ回り込み、ふたの隙間から火が噴き出してすぐ後ろの板壁に燃え移ったのに違いない、という筋書きです。本来ここはスイッチや温度調整用のサーモ、表示灯などの電気部品がぎっしりと並ぶ操作パネルになっていて、その内側（製品の内部）にはそれらを結ぶ電源コードや配線類が十数本も行きかい、冷凍庫が使う全ての電気が集中する要所であることがわかりました。

今まで焼けて無言の表情だった冷凍庫が、ようやくベールを脱ぎ、当時の様子をぽつりぽつりと語り始めたようです。

時空を超えた出合い

こうして四年前に阿武隈高地の山あいで、消防と警察がこつこつと焼け跡を掘り起こし、丹念に記録した板壁のスケッチと、はるか太平洋の荒波が打ち寄せるいわき市内のお堂の中でじっと眠り続け、たったいま眠りからさめたばかりの冷凍庫の背中とが再会を果たし、ドッキングに成功しました。これで冷凍庫が出火した当時のいきさつが、あらすじとして見えてきます。

この発見の興奮がさめやらぬ一ヵ月後、東京から担当の裁判官と書記官ら計四人をいわきへ招き、かのお堂に入って一部始終を見てもらいました。九月に入ったばかりのその日は三〇度を超す残暑の中、きつい日差しに陽

事故品冷凍庫の外観

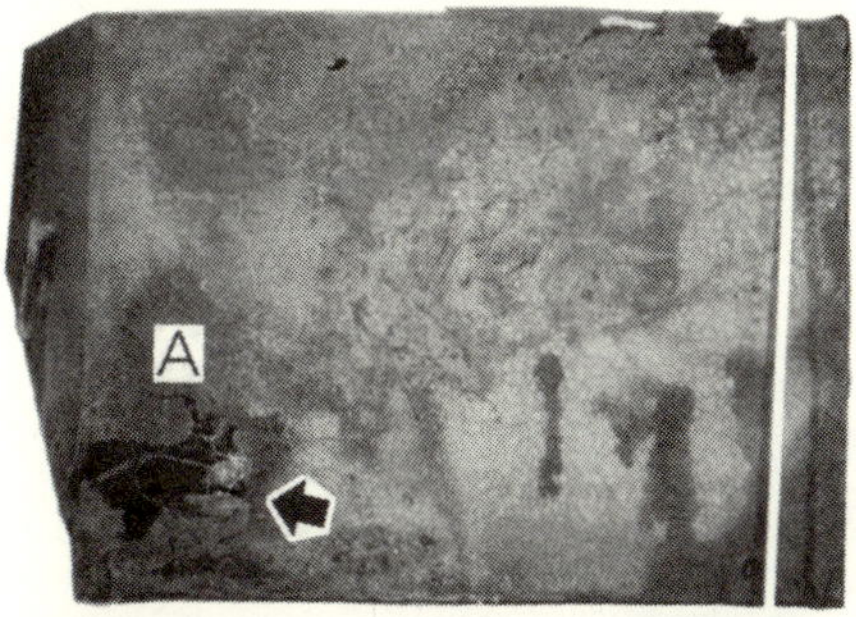

焼けた冷凍庫の正面
（被災４年後の状態）
左下に発火した火が噴出した跡**A**がある（ここには操作パネルがあった）

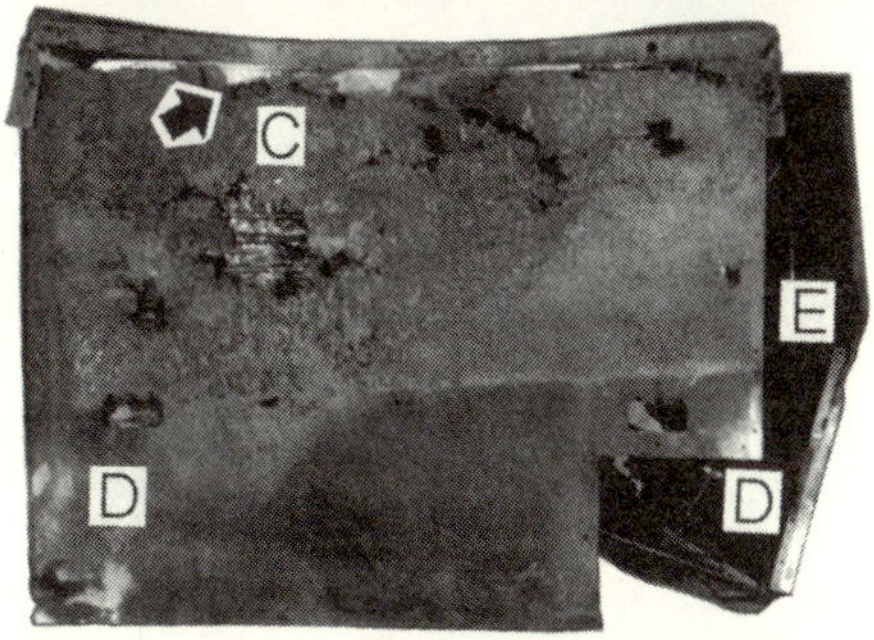

焼けた冷凍庫の背面
（被災４年後の状態）
上端ふたとの隙間に火の噴出跡**C**がある（ここにはプラスチック枠とゴムパッキングがあった）
D部には依然として白色塗装が残っている
E部には鋼板の継目の破裂跡がある

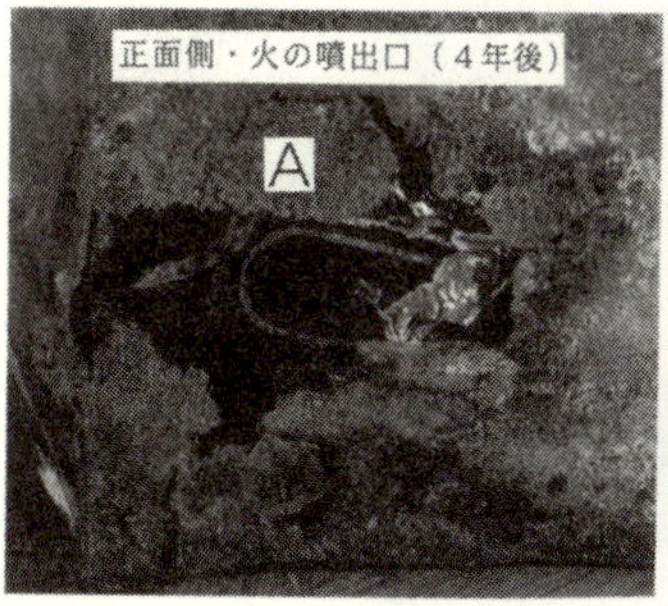

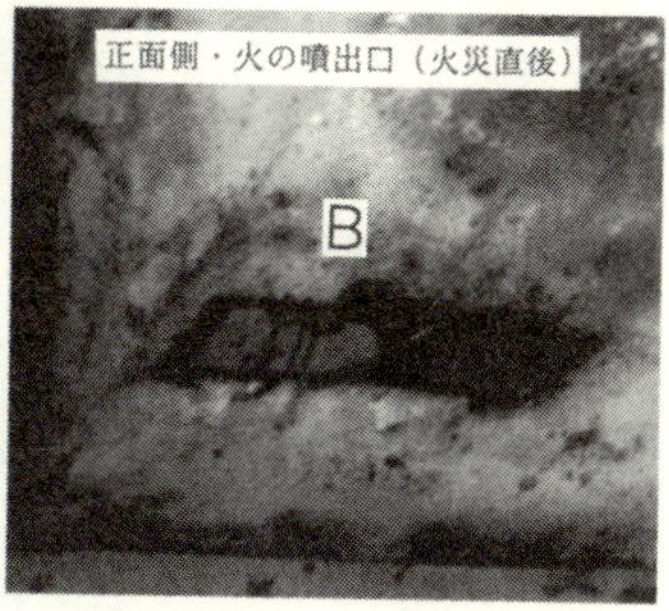

操作パネル取付部の鋼板開口部の損傷状況は、火災直後の**B**よりも４年後の**A**の方が顕著になっている。発火点として高熱を受けた鋼板部の劣化促進を示す。

事故品と同型冷凍庫の断熱構造

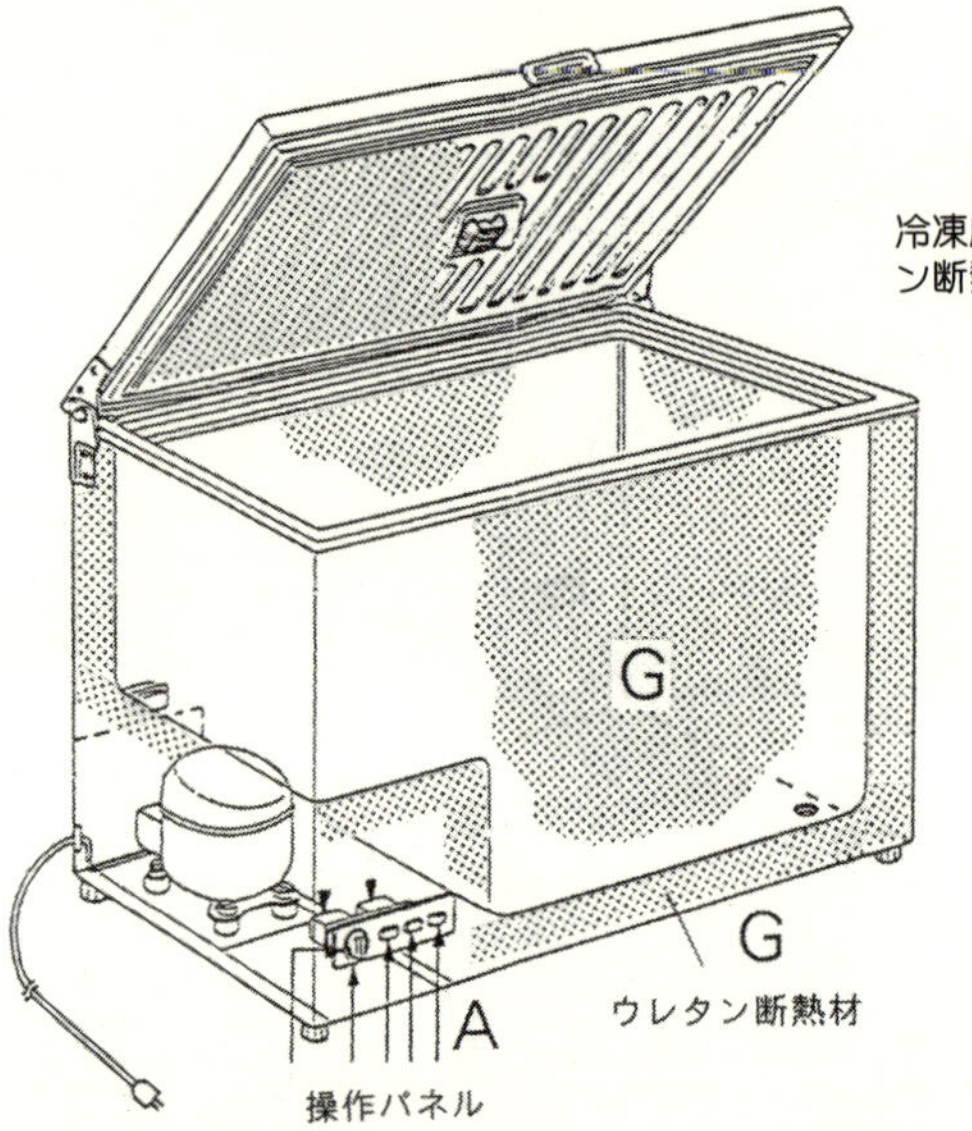

冷凍庫全体はぶ厚いウレタン断熱材Gに囲まれている

事故品と同型の操作パネル

A

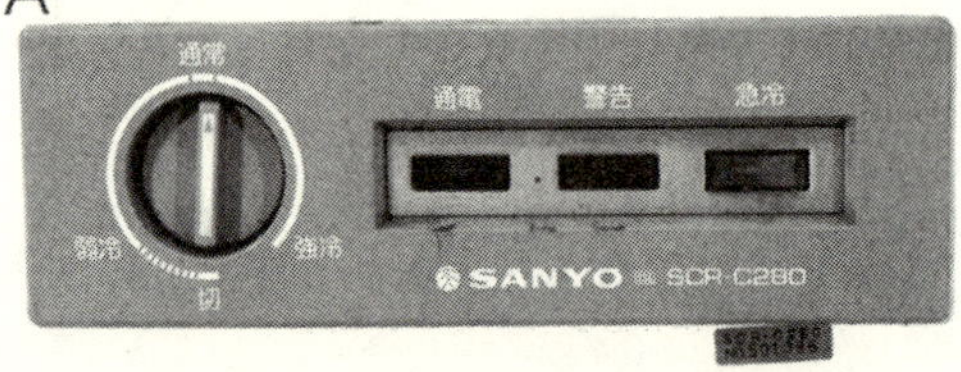

操作パネル（正面）

A

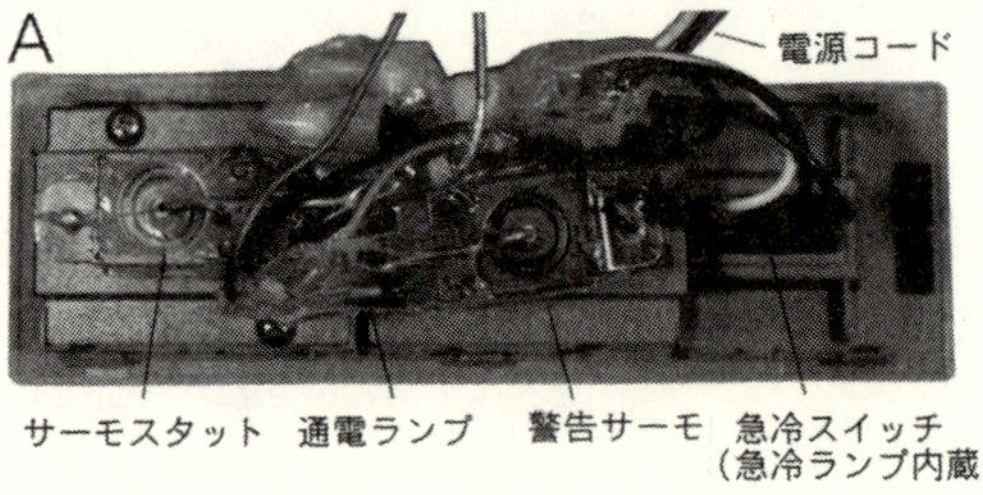

操作パネル（背面）

炎が燃えて、セミ時雨がひっきりなしに降りそそいでいました。それはまるで、長く深い眠りについていた冷凍庫に向けて「もう起きなさい。君の出番だよ」と呼びかけているようでした。

裁判所は最終的に冷凍庫と板壁の焼損状況が一致するという原告側の指摘を受け入れて、「本件冷凍庫の設置場所とその裏側に当たる本件板壁の焼損の位置が対応する関係にあること及びその部分が他の箇所に比べて焼損の程度が大きいことが明らかである。」（判決：第六、当裁判所の判断の一、3本件板壁の焼損状況の(二)〈本書二〇八頁〉）との結論に至りました。

四年の年月がたてばこそ

それにしても、冷凍庫の前と後ろにそんなに大きな火の噴出口が開いていたのなら、そもそも警察や消防が見逃すはずがないではないか、と不審に思われるかもしれません。そこには一つのからくりがあります。

確かに火災直後に撮影した写真の冷凍庫は、全体が灰色にくすんではいても、火が噴き出したような穴はどこにも見当たりません。この違いのなぞを解くカギは、四年の歳月にあります。

冷凍庫の外側は鋼板でできていて、その上に白色のポリエステル樹脂が焼き付け塗装されています。この構造はテレビやパソコンなどのように外側が全部プラスチックでできているものに比べて熱に強く、外側から火熱を受けてもはね返す（反射する）力があるので一種の耐火構造といってもよいくらいのものです。それでも火事で数百度もの高熱にさらされると、かなり傷みます。

鉄がさびるということは誰でも知っています。塗装していない裸の鉄板を一〇年間も放置すれば、さびがどんどん進み、やがてぼろぼろに崩れてきます。実は火事にあうと、この一〇年分の劣化が一挙にやって来ます。冷凍庫の場合、自ら発火して燃えたのか、外から火熱が及んで燃えたのかはさておき、一度は火の中をくぐったので、周囲の鋼板にはある程度の被熱劣化が生じたにちがいありません。しかし焼け跡で見つけた冷凍庫は、それほどひどくさびたり崩れたりしていなかったのはなぜでしょうか。それには熱に強い塗膜が鋼板を一時的に保護し、崩落を食い止めるのに一役買っていたようです。

金属結晶学の専門家は、この現象を次のように解説してくれます。「普通の鋼板はセ氏五〇〇度以上の高温にさらされると、急激に酸化腐食が進み、鉄の結晶が粗大化して粒界に亀裂が入るので、非常にもろくなります。板厚一ミリメートル前後の塗装鋼板が火災にあったような場合、耐熱塗料の保護作用で被熱直後には一見無事のように見えても、内側の鉄部は相当劣化していて、元のものに比べるとはるかに脆弱になっています。こうなると後は室温に置いても腐食が進行して次第に塗膜を押し破り、鋼板自体が崩落し始めるのは時間の問題です」。なるほど、焼け跡にあった冷凍庫をいくら眺めてもわからなかったことが、時がたって明らかになってきました。この冷凍庫は、全体が均一に焼けたように見えながら、実はかなり焼け方にむらがあったようです。四年間の風化作用が、熱を強く受けたところとそうでないところのコントラストを際立たせ、最も高熱を受けたところが先に崩れ出して、私たちの目にぽっかりと火の通り道や噴出口を見せてくれたのですね（A、C）。

火はどこから燃え出した？

冷凍庫が燃えたことは確かだとして、果たして自ら発火して燃えたのか、それとも外からのもらい火で燃えたのか、それを見極める必要があります。何しろ焼け跡というのは全ての時間がストップしていて、そこから時計の針を逆に戻して、いったい何がどういう順序で起きたのかを推理するのはなかなか難しいことです。

当の冷凍庫は可燃物がほとんど燃え尽きていて、残るものは金属片などの不燃物だけです。そこで冷凍庫の周囲を取り巻いている鋼板の部分を詳しく見ていくことにします。

もし冷凍庫が自ら発火したのではなく、火元が外にあって先に建物の天井や壁が燃え、その火熱が冷凍庫に及んだのなら鋼板は全体がむらなく均一に熱せられるはずです。調理でいえば、ちょうどオーブンの中でスポンジケーキがこんがりと均一に焼き上るように。

それとは逆に、先に冷凍庫の内部で発火し、内部が燃えてから火炎が外部に噴出して、それが板壁や天井などに燃え移っていったとすれば、鋼板は火の通り道や噴出口の周囲が局部的に強く熱せられます。すると鋼板にはまだら模様の痕跡が残るはずです。火山の噴火でいえば、ちょうど地中のマグマが盛り上がって地表のある箇所で一気に噴出するように。その場合、山腹からは温泉がわきだしたり、山頂には噴火口を残すので、活動がおさまってから何万年たっても、その山が火山であることがわかります。

そのような観点から冷凍庫を見ると、火災直後の写真では全体が灰色に薄汚れていて、受けた熱が均一なのかそうでないのか、もう一つはっきりしません。この写真を見ただけでは、冷凍庫が内側から燃え出したのか、それとも逆に外側の火が内側へ入って燃えたのか、どちらとも判別し難い。

警察や消防も焼け跡現場を調べたときも、建物全体から見れば明らかに冷凍庫のあたりが最もひどく焼けていることから少なくとも「冷凍庫の付近が出火箇所」との判断を下しました。しかし、「冷凍庫が原因か」となると、それを裏付ける痕跡を見出すことができないまま、断定に至りませんでした。

時計の針を戻すと

しかし同じ冷凍庫を四年後の姿で眺めると、あるところは白色塗装が残っていて健在なのに、別のところは崩れ落ちてぽっかりと口が開いている、という具合にまだら模様が歴然としています。つまり、この冷凍庫は内側から燃え始め、外側へ向けて火が噴出したことが次第に明らかとなってきました。

この四年間の変化をたどると、火災直後の冷凍庫は全体が黒灰色にすすけている。数ヵ月後には表面のすすがはげ落ちて、下から白色の塗装面が現れる。次に、火の通り道や噴出口などの高熱にさらされた部分は地金や塗装が傷んでいて鋼板の酸化腐食（さび）がどんどん進み、一、二年後には塗料とともに崩落が始まります。逆にそれほど熱せられなかった部分は、地金も塗装もしっかりしていて鋼板の酸化腐食が食い止められるので崩落は起きない。四年後でも、冷凍庫の背面の下部、両端部などは白色塗装が残っていて健在です（D）。

鋼板の崩落が最も著しいのは、冷凍庫の正面側の電気部品と配線が集中している操作パネルのところ（A）です。この箇所は通路に面していて、もし建物が先に燃えたとしても、最も火熱が届きにくいところです。そこに大きな焼損があるということは、とりもなおさずそこが発火点であることを物語っています。ただしそれは火災から四年後の姿を見ていえることです。同じ場所でも火災直後の状態では、まだ全体に白色塗料が残っていて、鋼板の崩落もほとんどなく、ここで発火して火炎が噴出したとはちょっと考えにくい（B）。やはりそれを見定めるには、一定の年月を必要とするようです。

ほかに鋼板の傷みが著しい部分として、冷凍庫の背面側の上部、本体とふたとの隙間のあたりが目につきます

(C)。もともとここには電気部品や熱源になるようなものは一切ないので、ここはむしろ内部から火が燃え伝わってきた噴出口とみなすことができます。するとそのすぐ後方一〇センチ位のところには板壁が控えています。したがって冷凍庫のこの部分から火炎が噴出して板壁に燃え移ったことが容易に推定できます。

ただしこの部分だけを見ると、逆に火は板壁の方からやって来て冷凍庫へ燃え移った、ともいえます。

火はどっちから来た?

ここに火の燃え移り方向を示す一枚の写真(八八頁)があります。もともと板壁全体を写した一枚の写真が残っていて、その中の一部に食器棚が写っています。その一枚の棚板だけをうんと大きく引き伸ばしてよく見ると、棚板は片側だけが焼けているのがわかります。つまり棚板は板壁側から燃え始めて三分の一位で焼け止まっていて、火が冷凍庫側から板壁を抜け、食器棚と厨房の方へ燃え移っていった「方向」を示しています(H)。

この食器棚は厨房側の板壁にくくりつけになっていて、冷凍庫とは背中合わせになっています。つまり板壁を中心にはさんで、片側に冷凍庫、反対側に食器棚があります。

ではなぜ棚板は端から三分の一のところで燃え止まったのでしょうか。それは棚板がそこまで燃えて来た時、消防隊が到着して放水を始めたので消火したものと考えられます。

この燃え止まりの状況を見ると、別のことがわかってきます。例えば冷凍庫はほぼ燃え尽くして全焼状態なのに対して、そのすぐ後ろの板壁は半焼状態にとどまり、さらにその向こうの棚板は全体のおよそ三分の一ぐらいまでで焼け止まっているという具合に、焼け方の度合いが冷凍庫から離れるに従って順番に軽くなっています。

冷凍庫の後ろ側にあった食器棚の棚板の焼け方（部分）

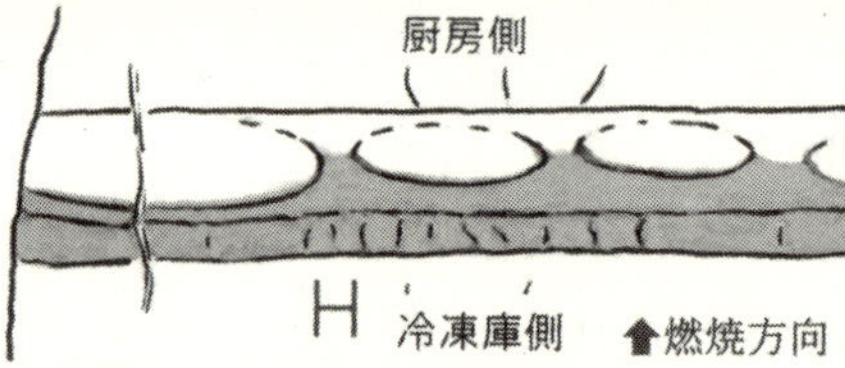

火は冷凍庫側から板壁を抜けて棚板へ燃え移り、板幅の約１／３で燃え止まったH。棚板の上には陶磁器の跡が残っている。

事故冷凍庫の延焼経路

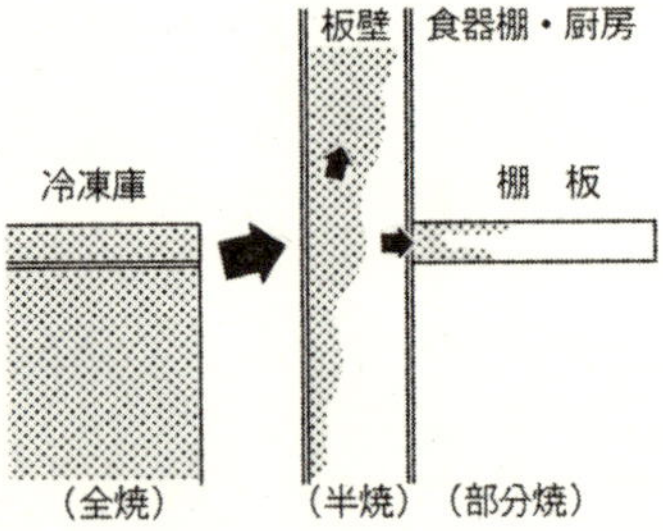

火はどっちから来た？

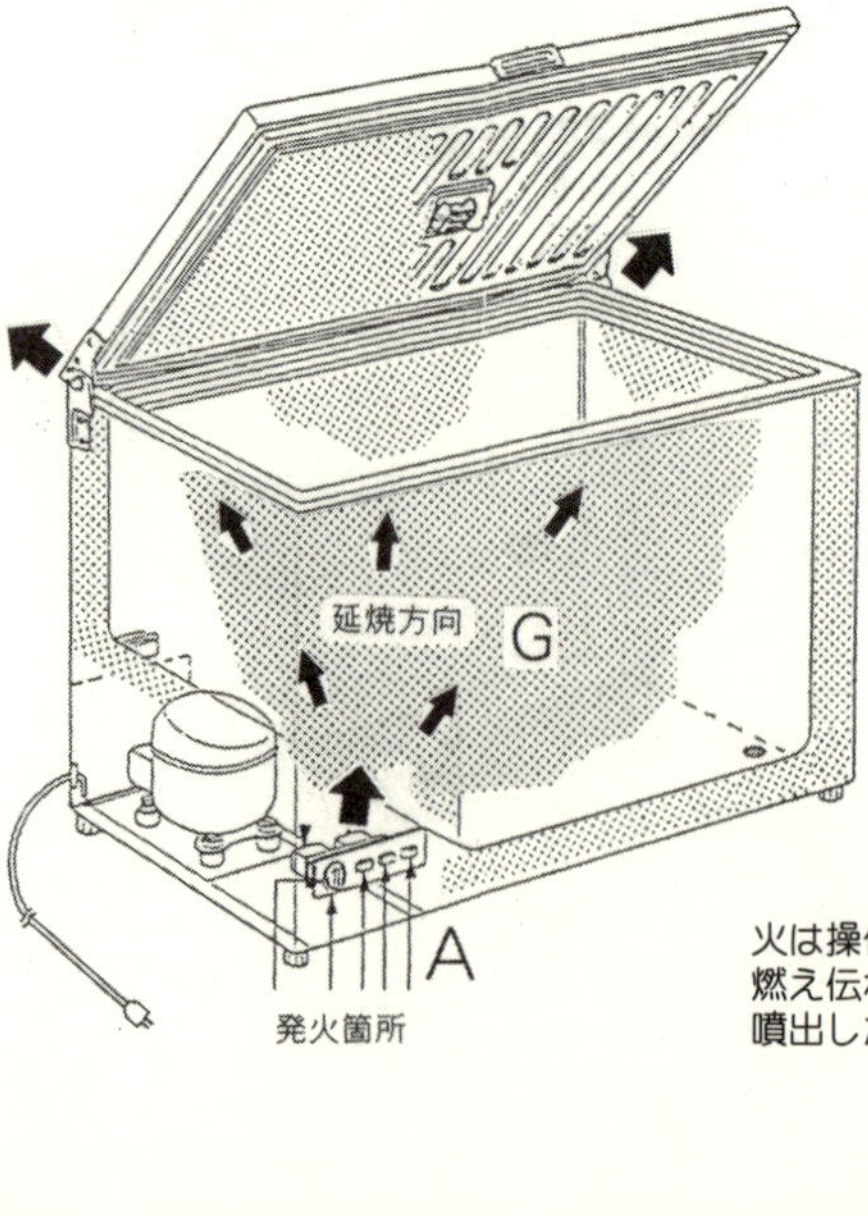

火は操作パネルで発し、内部の断熱材Gを燃え伝わって上端に達し、ここから外部へ噴出した。

いいかえれば、冷凍庫は最初に燃え始めたので全焼してしまったのに対して、後ろの板壁や、その向こうの棚板は後から燃え始めたので燃焼中に放水を受けて燃え止まり、半焼け状態に留まったというわけです。

外に強く内には弱い

それでもなお、「最初に燃え始めたのは板壁であって冷凍庫ではない。板壁が中心になって燃え始め、その火が両側の冷凍庫や食器棚へ燃え移ったのだ」という反論が寄せられました。

しかし燃えた板壁をよく見ると、実際に燃えたのは表面の薄いベニヤ板とその下にある横木（貫板）の何枚かに過ぎず、太い間柱などは焼け残っています。ここから、発生した火力をおしはかることができます。

なにしろ冷凍庫は氷のかたまりが鋼鉄の鎧（よろい）を着込んでいて、外の火なんか寄せつけないぞ、とばかりでんと構えています。こんな完全武装の冷凍庫に向って外側から火を着けようとすれば、ばく大な火力が必要だということがわかります。とても板壁表面の一部が燃えた位で、この冷凍庫に燃えつくほどの火力が生じたとは思えません。

反面、冷凍庫の内側奥部には鋼板の継ぎ目の隙間とか空気抜きの穴などが開いていて、もしここに火があったらたまらないな、という弱いところがいくつか見られます。

冷凍食品や氷菓、砕き氷などを満載した（北川さんはいつも七、八分目にストックしていたといいます）内容積二八〇リットルの冷凍庫は、およそ二〇〇リットルの水（実際にはマイナス二〇度の氷）を張ったバスタブ（浴槽）のようなものです。もし薪をたいてこのお風呂をわかそうとすれば、五、六たばは必要です。後ろの板壁が燃えた分を合わせて薪にしても、せいぜい一たば程度、これではお湯をわかすどころか氷を解かすのにも十分ではありません。

いったい冷凍庫と板壁の間で何が起きたのか？　あいにくそれは誰にもわかりません。けれど耳をすませば、その場に居合わせた鉢植えやベネチアングラスの三頭立ての馬、陶器やクリスタル、民芸品のお面の精たちが声をそろえて「燃え始めたのは冷凍庫だよ。それが板壁に燃え移った。火は冷凍庫から出たんだ。そうだそうだ」というささやきが今でも聞こえるはずですよ。

鉄の箱がなぜ燃える？

確かに冷凍庫は被告・メーカー側が主張するように周囲を鋼板で覆われていて、外側からの火熱では燃えにくいことはわかります。しかしその一方で冷凍庫の正面側には発火点とおぼしい崩落部（A）があり、背面側には火炎の噴出口（C）があって、内側を伝わって激しく燃えたことをうかがわせます。では冷凍庫の内部ではいったい何が燃えるのでしょうか。

それにはまず冷凍庫の大まかな構造を知っておく必要があります。冷凍庫は鋼板製の外箱と、アルミ板製の内箱の二重構造でできています。冷蔵庫と冷凍庫は、冷蔵庫の内箱の材質がプラスチックであることの違いぐらいで、あとの原理・構造はほとんど同じです。

この事件とは別の火災現場で、ほかの原因で火災にあった建物の中に残っていた冷蔵庫を見ると、外観こそひどく焼けて汚れていても、ドアを開けると内部の食品や飲料が水浸しになりながらも、そっくりのままで驚くことがあります。さらに別の場所で、今度は冷蔵庫が出火原因の場合には、外側が破裂していたり、ドアを開けると内部の食品類がひどく傷んで変色し、ソーダ水やビールなど炭酸系の飲料缶が破裂しているのを目にします。これらを見てわかることは、冷蔵庫には外部火熱に対してある程度の耐火性があるものの、限度を超えると内部に火熱が入ってしまうということです。同時に内部からの発火に対しては弱いことをつくづく思い知らされます。

特に冷凍庫の場合は、冷凍食品や氷菓、砕き氷などをかちかちに凍らせたまま保存するため、庫内温度を常にマイナス二〇度ぐらいの低温に保ちます。そのため断熱材をふんだんに使い、冷蔵庫の倍の五、六センチの厚さで外箱と内箱の隙間にぎっしり詰め込み、全体を包み込んでいます。

この断熱材は硬質ウレタンフォームといって、全体がスポンジのように細かな泡状の集合体（独立気泡体）でできています。一つ一つの泡は空気をたっぷり含んでいて、火が着くとぱっと燃え上がる、ちょうどたきつけのようなものと思えばよいでしょう。

さらに怖いのは、ウレタンフォームはプラスチックの一種で、そのルーツは石油ですから、いったん燃えると灯油やガソリンと同じ位の、キログラムあたり一万キロカロリーもの発熱量を持っていること。これはもう立派な燃料といっていい。「冷蔵庫や冷凍庫が燃える」ということは、「内部の断熱材が燃える」ことにほかなりません。

そんな古いものなんて

焼けた冷凍庫は、見れば見るほどいろいろなことを教えてくれる一方で、これを最後まで無視し拒み続けた人たちがいます。被告・メーカー側から推薦を受けた鑑定人たちで、自治省消防庁元課長、消防大学校元教授、日本火災学会元副会長、東京消防庁元消防署署長、私立大学工学部教授、私立大学火災科学研究所助教授などのそうそうたるお歴々です。

彼らの言い分は一様に、「証拠品といっても四年間の保管状況が不明であるし、古過ぎて既に証拠価値は滅殺されており、見分するまでもない」ということでした。後に裁判所から担当裁判官らが現地に赴いて現物検証を行ったほどの熱意を考えれば、被告側のこの判断はやや頑なで偏狭に過ぎたのではないかという気がします。「見れば何らかの見解表明が必要になる」「発言すれば被告の不利になる」という敬遠的な判断が働いて目をつぶったのでしょうか。あるいは単純に、遠路出張がおっくうになっただけなのか。

「被告・メーカー側は現物見分に来そうもない」とわかってから、逆に原告・被災者側は現物見分に精を出し、徹底的にこだわり続けました。東京で考えて議論し、行きづまったり新しいアイデアが浮かぶ度に現地へ出向いて見直すというようなことを何回も何回も繰り返しました。この裁判の攻防を通じて、原告と被告が刺し違える場面が何度かあり、そのうち被告休場で原告の不戦勝となった一例です。

裁判所は原告・被災者側の現物中心の立証活動は容認できるとして、「本件火災直後の消防調書、警察調書（中略）ではなく、本件火災の約四年後に実施された検証調書をもとにしている。四年間の保管状況が必ずしも明らかではないから、検証調書が本件火災直後の本件冷凍庫の状況を正確に反映していない可能性があることは否定できないが（中略）検証調書に基づく（中略）推論部分を取り除いたとしても、本件火災が本件冷凍庫が原因であるとの結論は変わらないとみることができ（中略）推論過程は基本的には問題はないということができる。」と判断しました（判決：第六、当裁判所の判断の一、5本件冷凍庫から発火すること及び本件板壁に着火する可能性(二)〈本書二一〇頁〉)。

しかしこの証拠品には、「四年を経過したからこそ明らかになった事実」が存在していて、原告・被災者の立証活動の原点はここにあるわけで、この間の物理化学的な変遷の実態をぜひ裁判所に認めてもらいたかったと思います。それによって必ずしも消防や警察に依存一辺倒でない、裁判所独自の判断と機能が発揮されれば、被害者の救済に一歩でも近づくことができるからです。

冷蔵庫が爆発する

よくテレビ番組の実験劇場「信じられない危険シリーズ」で、「冷蔵庫が爆発する!」などというショッキングな映像を見せています。ここでは、ほかでもないウレタン断熱材が影の主役を務めています。

この実験で、最初に冷蔵庫へどうやって火をつけるのか注意して見ていると、防護服に身を固めた実験者が冷蔵庫の裏側へ回り、下の方の奥まったところでウレタン断熱材が僅かにはみ出している部分とか、プラスチック材(その内側には断熱材がある)などへガスライターの炎をそーっと近付けて着火させています。すると数分後には内部の断熱材に火が走ります。といっても、断熱材は金属板でサンドイッチ状に密閉されているので火炎は見えません。それでも内部では断熱材が蒸し焼き状態で、ジージーという鈍い破裂音(泡のはじける音)を立てながら盛んにガスを発生します。

この状態を専門用語で「乾留」いいます。ちょうど木材を土窯の中にぎっしり詰め込み、入口を閉じて酸素不足の状態で燃焼させると、内部は蒸し焼きになって木炭ができる、あの「炭焼き」と同じです。

冷蔵庫の中で発生するガスは、そのままでは行き場がないため、内部の圧力がだんだん高まります。すると四角形の冷蔵庫は次第にふくらんで樽のようになります。このガスはウレタンというプラスチックが熱分解をしたものですから、燃料ガスと同じようにとても燃えやすく、もし引火すると爆発的な燃焼を引き起こします。そうなると、さすがの鋼鉄製の外箱も内圧に耐え切れず、ぼーんという轟音とともに破裂します。

「冷蔵庫が爆発する！」という実験劇のタネ明かしはこんなところです。もちろん、同じ鉄箱形の製品である洗濯機や電子レンジなどでは、ウレタン断熱材を使っていないので、このようなことは起きません。

冷凍庫から板壁へ

冷凍庫の場合、内部の断熱材に着火して盛んに発生する高温のガスは、圧力が高まるにつれ、どこか弱いところを突き破って外へ出ようとします。冷凍庫の弱いところは本体とふたの隙間、ここは内箱と外箱の金属板が途切れてプラスチック枠やゴム・パッキングでふさいであるので、たいがいはここが破られます（C）。

こうして噴出した高温のガスは、外気中の酸素に触れたとたん、引火して放射状の火炎となります。するとその約一〇センチ先には板壁が待ち構えていて、すぐもらい火をします（F）。

さらに、冷凍庫の内部へ火が入ると、爆発的な燃焼が起こります。冷凍庫の外箱は、周囲をぐるっと巻いている鋼板を一か所で継ぎ合わせ、ここに五本のリベットを打ち込んでしっかり止めています。焼けた冷凍庫を見ると、全部のリベットが跡形もなく吹っ飛んで継ぎ目部分はぱっくりと口を開けています（E）。断熱材は跡形もなく燃えつきています。

裁判所はこの間の過程を次のように具体的に認めています。「本件ウレタン材の着火部位から発した火炎が、本件冷凍庫の周囲を取り巻く本件ウレタン材に燃え広がりながら上端に達し、本件冷凍庫上辺部の扉パッキング及び縁枠等を焼失させた後、焼失跡に開いた幅約二センチメートルの間隙から外部に向けて噴出したこと、そして、本件冷凍庫背面で、床面から約八〇センチメートルの高さの本件上扉部分に生じた間隙から噴出した火炎が、本件冷凍庫の背後七・三ないし一二センチメートルに対向して位置する本件板壁に着火、延焼し燃え上がったという推認が成り立つことが認められる。」（判決：第六、当裁判所の判断の一、5本件冷凍庫から発火すること及び本件板壁に着火する可能性の(一)〈本書二〇九頁〉）。

燃料を抱えた冷凍庫

ここで内容積二八〇リットルの冷凍庫一台が抱えている断熱材の量を求めると、容積にして約一七五リットルにのぼります。これは比重を〇・一弱として、およそ灯油一缶分の一八リットルに相当します。

石油ストーブなどでは、燃料の灯油を少しずつ燃やすので、ほどよい暖をとることができます。一般家庭で一缶の灯油があれば、厳冬期でも数日間、寒さがゆるむ晩冬や初冬なら一、二週間は持たせることができます。それが冷凍庫の場合には、火事の僅か一〇数分間に灯油一缶分を燃やし尽すのですから、その激しさたるや想像を絶するものがあります。冷凍庫がひとたび燃え出せば、轟音とともに火炎が噴出し、数メートルの火柱が立ち上って、後ろの板壁や天井をはじめ、またたく間に建物全体へ燃え広がることでしょう。

東京消防庁が毎年、管内で発生した火災の実態を公表しています。それによれば、電気機器を発火源とする火災のうち、「電気冷蔵庫」がいつもワーストの三ないし五番目の上位を占めています。同じ鉄箱形の製品である洗濯機や電子レンジなどに比べてずば抜けて高い。これは冷凍庫や冷蔵庫がたくさんの燃料をかかえていることとは無関係ではないと思います。また同庁が監修している「新火災調査教本」でも冷蔵庫の燃え方として「庫内へ延焼すると『ボーン』という音とともにドアが開き、火炎が一挙に噴出する」（同書八九頁の上二〇行）と教えています。

かつて一九五〇年代（昭和三〇年代）に家庭電器の三種の神器と呼ばれた頃、電気冷蔵庫は出火原因としてそれほど目立つ存在ではありませんでした。当時は断熱材に不燃性のグラスウール（ガラス繊維）を使用していました。それが一九七〇年代（昭和四〇年代）に登場した可燃性のウレタン系の断熱材に次第に置き換えられたことと、事故件数が増加に向かったことには、なにがしかの関係があるような気がします。

硬質ウレタンフォームはグラスウールに比べて安価で丈夫、高性能であるなど、優れた素質を持つ断熱材料です。しかし安全面から見ると、未だ私たちはこの材料を十分に使いこなしているとはいえないようです。

それでも冷凍庫は燃えない？

それでもなお「冷凍庫は燃えるはずがない」といい張る人たちがいます。火事の後、北川さん方を訪れたメーカーのお客様相談室長が、冷凍庫の部品の一つを手に取り、被災者の北川さんや心配してかけつけた近隣一同の前に高くかざしてライターの火を当てながら、「ごらんなさい皆さん。火は着かんでしょう。冷凍庫は燃えることなんかないんです」といって煙に巻いたというエピソードは、今でも語り草になっています。加えて被告・

メーカー側は、「たとえ断熱材が可燃性であるにしても、金属板で密閉されていて酸素の供給がないから燃えることはあり得ない」と強く否定します。裁判所も当初は「確かにそれも一理ある。はて、どうしたものか……」と困惑の表情を見せていました。

しかしその言い分は、現実に断熱材が燃え尽きている当の冷凍庫の存在を無視するもので納得できません。それにあまり「燃えない、燃えにくい、それでも燃えない、やっぱり燃えない、誰が何といっても燃えない……」と聞く耳にたこができるほど繰り返すのは、いくらなんでも度が過ぎるというもので、「それほど燃えにくいものがなぜ燃えたの？」という素朴な疑問を呼び覚ましてしまいます。

裁判所はこの点に触れて明快に、「本件冷凍庫は、鋼鉄製であり、本来外部からの火で燃える蓋然性の低いものであるのに冷凍庫それ自体が焼損している（中略）のであるから、本件火災は、本件冷凍庫を発生源とするものであることを推認することができるのである。」（判決：第六、当裁判所の判断の一、８小括の(三)〈本書二二〇頁〉）として、燃えにくきが燃えた故をもって冷凍庫が発火源であることの根拠にしています。

つまり、確かに冷凍庫は鋼鉄製なので燃えにくいことはわかる。だけどそれが燃えたんだから、やっぱり自分自身が発火源だったに違いないじゃないかとして、「あくまで冷凍庫が燃えない」ことにこだわった被告・メーカー側は、とうとう逆手の一本をとられる格好になりました。

再現実験は決め手か？

被告・メーカー側は、「製品が原因であると主張するなら外観的な判断や間接証拠だけでは不十分。具体的な欠陥を示せ」として、製品内部の発火箇所と発火のメカニズムを明らかにするよう執拗に迫りました。

これに対して原告・被災者側は、なるべく相手の奥座敷へは上がるまいと思いながらも、ついついほだされて「強いていえば、冷凍庫正面の下部に火が噴出した跡がある。だからそのすぐ内側のサーモスタット部品が最初に発火した疑いが濃厚」などと口を滑らせてしまいます。

サーモスタットというのは、庫内の温度を計りながらモーター・コンプレッサーの電源を断続し、温度を一定に保つための制御部品です。端子間に電源電圧をかけたまま、およそ三〇分間に一度、大きな電流を入れたり切ったりして、その度に火花を飛ばしながら、冷凍庫の中で休みなく働き続けるかなめの電気部品です。プラスチック製の端子台には絶縁劣化や過熱発火などのトラッキングを起こしやすいという性質があります。

すると被告・メーカー側は、待ってましたとばかり借り切った実験場に事故品と同型の冷凍庫をはじめ、たくさんの設備と機材を持ち込み、周到な再現実験を挙行しました。その結果、欠陥の指摘を受けたサーモスタットはついぞ発火することはなく、仮に発火したとしても自己消火性を発揮して他へ延焼することがないので、冷凍庫が燃え出すということはあり得ないという実験報告書を提出しました。

こうなると原告・被災者がおそるおそる指摘した「サーモスタット発火説」はもろくも崩れ去り、「製品欠陥」の主張は何ら根拠のない憶測でたわいのない絵空事か、ということになってしまいます。

再現実験の魔力

考えてみれば、被告・メーカーにとって実験機材をふんだんに駆使してデータをしつらえることはお手の物。

それで決定的な反証ができるならお安いご用とばかり、てぐすねを引いているわけです。そのきっかけとして、何としてでも原告・被災者側に「これが欠陥」というものを言わせたかった。

再現実験というのは被告・メーカーが試合場を自分に有利なホームグラウンドに引き込もうとする手口の一つと見ることができます。しかしその根底には、「実験結果」こそが事実のシミュレーションとして最も信用でき、それに比べれば僅かな痕跡や残存証拠をもとにした「推定」や「推測」などは遠く及ばないという通説的評価があります。いわば「実験神話」なるものがまかり通っています。

実際に多くのＰＬ裁判において、原告・被災者が乏しい証拠を拾い集め、やっとこすっとこ「立証」にこぎ着けたと思ったとたん、被告・メーカーから電話帳のように膨大な反証実験のデータをどーんと積まれ、返す言葉を失うという事例は枚挙にいとまがありません。

そのあげく、「当裁判所の判断として、被告が同型製品を用いて行なった燃焼実験報告書によれば、当該製品が発火することがあるという蓋然性は稀有であることを示しており、そうしたことから類推すれば、本件製品が発火したと主張する原告の立証は根拠が薄弱であるといわざるを得ない」などと原告の訴えを棄却する非情な判決文（仮想）が目に浮かぶようです。巷では皮肉にも、「ＰＬ裁判は原告敗訴の山だよ」なんていう陰口がささやかれるゆえんです。

再現実験の虚構

でもこのロジックにはどこかうさん臭いところがあります。確かに原告・被災者は一般に大規模な実験を行なうだけの経済力・技術力に乏しく、被告・メーカーにはとても太刀打ちできない、という不公平な一面はあります。しかしそれよりも、このような「再現実験」が実際の「事故の再現」たり得るのか、さらにはこのような「再現実験」によって本当に「製品欠陥の有無」の判断や証明ができるのか、という根本的な疑問が残るからです。

仮に原告・被災者側が幸いにも十分な証拠を入手し、製品欠陥の立証をかなりな程度になし得たとしても、そこに被告・メーカー側の作成する「実験報告書」がいつも越え難い障壁となって立ちはだかるとしたら、こんなにむなしいことはない。被害救済なんて形骸化してしまうでしょう。

そうはいかないよ、というのが冷凍庫事件の判決です。ここでは「確かに、実験結果報告書によれば、本件サーモスタットは、耐トラッキング性に優れていること、本件サーモスタットに使用されているポリエステル樹脂は、難燃性を有し、外部からの火炎が継続しない限り、自己の燃焼エネルギーでは燃焼を継続せず、消火してしまう自己消火性があることが認められる。ところで、本件冷凍庫と同型式の冷凍庫に用いられる部品を用いて被告が行う実験により、本件火災の原因が本件冷凍庫でないことを立証するためには、右実験に使用される部品は、本件冷凍庫と同様の品質、形状であることが不可欠であり、再現実験で設定される諸条件も本件火災発生時の状況と同一のものであることが不可欠である。しかし、右実験は、正常なサーモスタット、ポリエステル樹脂を使用しての実験であり、本件冷凍庫に使用された当該部品が正常の品質を有していたか否かは不明であるから、正常なサーモスタット一般にトラッキング耐性があり、ポリエステル樹脂が難燃性を有するとしても、右実験結果により、本件サーモスタットにトラッキングが生じることがあり、これにより発火することがあるという推認を覆すことはできない。」としています（判決：第六、当裁判所の判断の一、5本件冷凍庫から発火する

発火点とされたサーモスタット部品

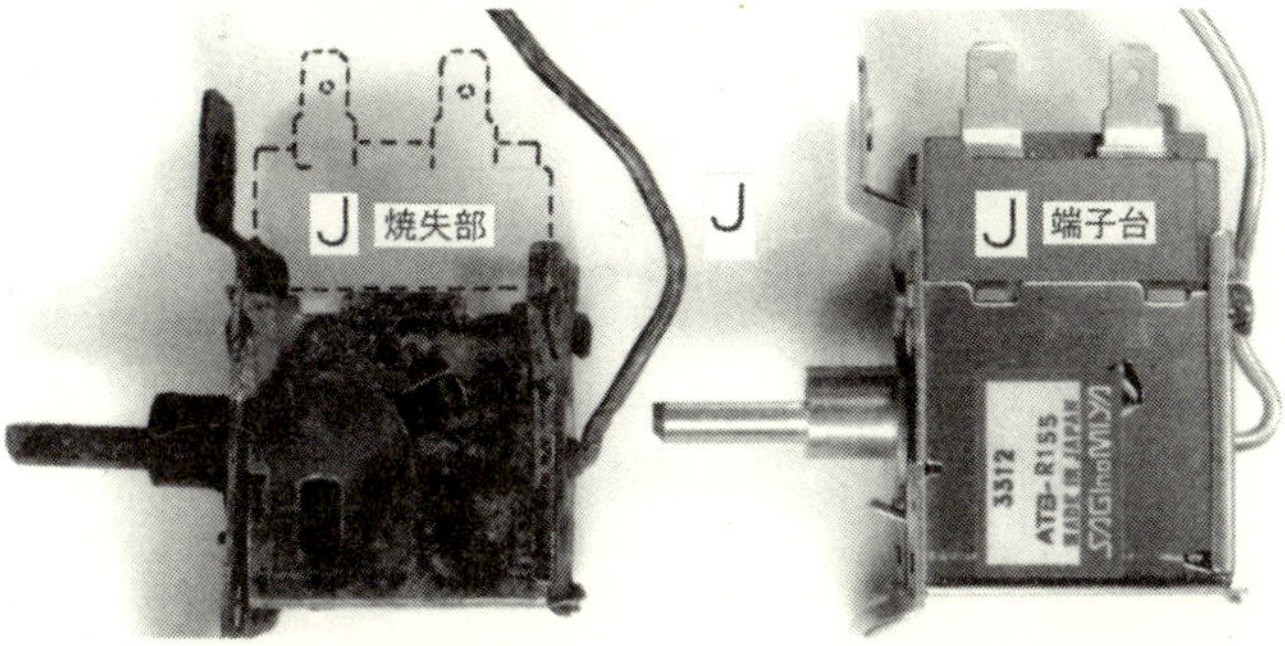

（事故品）　（正常品）

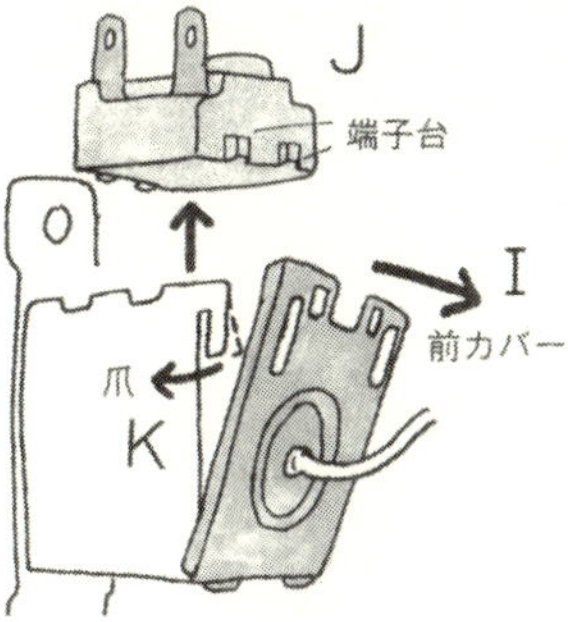

原告・被災者「このサーモスタットが発火点であり、プラスチックの端子台部 **J** でトラッキングを起こした可能性が高い」
被告・メーカー「それは違う。サーモスタットは燃えてはいない。端子台は警察が調査の時にとりはずしたに違いない。だから発火点ではない」
原告「端子台をとりはずすためには、爪**K**を真っ直ぐに伸ばして抜き、前カバー **I** を倒さなければならない。事故品を見ると、爪は曲がったままで端子台をはずした形跡はない。やはり端子台は燃えたのだ」
被告「・・・・・」
裁判所「サーモスタットはトラッキングを生じて発火・焼失したものと推認することができる」

（事故品）　（正常品）

こと及び本件板壁に着火する可能性の(三)、被告の反証について(3)(イ)〈本書二一三頁〉)。

実験データのまやかし

実際、事故品の冷凍庫は何十万台に一台だけ紛れ込んだ不良品だったのかもしれないし、目には見えなくても内に不良因子を潜ませていたものかもしれません。それなのに、正常品冷凍庫の二、三台を持ってきて再現実験と称することを行ったとしても、果たしてどれほどの意味があるのでしょう。同型の冷凍庫といったって事故品とは生まれも育ちも違うし、その実験場の環境を北川さん宅と同じ間取りや雰囲気にしつらえたり、事故当時と同じ季節や天候に合わせることなど土台無理なことです。で、そこから取りだしてきた「実験データ」なるものがどれほどのものか?

そうである以上、この「実験データ」をもって「製品が発火原因ではない」、「製品には欠陥がない」といい切れるはずがありません。「実験」を全く無視したり、全否定する必要はないとしても、生半可な実験は原因の究明を誤らせたり対策措置を遅らせ、責任の所在をあいまいにしかねないという弊害を常に伴っています。

工業製品というものは、例えそれが工場において生産ロボットによって一律に製造されたものであっても、一台一台には必ず品質のバラツキ(固体差)があります。さらにその品質は製品が工場を出た後、保管や輸送中だけでなく、ユーザーに渡ってからでも時々刻々と変化し続けます。こうした中で、製品が抱えるさまざまな品質因子のうちのあるものは、環境や使用条件などのふとしたきっかけで急に悪玉化し(この予知・解明はとても難しい)、誤動作や故障、事故、災害発生などの原因になります。

しかし残念ながら、現在の品質管理の手法や信頼性の工学技術では、製品の品質レベルを目標に沿って揃えたり、製品出荷後の事故発生の予測情報を製造拠点に還元することまではできても、事故そのものの発生を防止したり根絶するところまでは及ばないのが実情です。

欠陥の指摘までいらない

原告・被災者が被告・メーカーに対して製造物責任を問おうとする時は、確かにその製品のために損害が発生したという立証責任が伴います。ではその立証活動の範囲と程度はどの程度のものが必要なのでしょうか。

製品が元で火災が発生して建物が焼失した場合の立証の手立てとしては、①製品が最初に発火して建物に延焼したこと、②製品の内部に欠陥箇所が存在したこと、③製品内部に存在する欠陥箇所が発火に至るメカニズムの三要素があります。しかしこれらを全部クリアすることは、普通の原告・被害者にはたいへんな負担であるというよりも事実上は不可能に近い。消費者としては一つの「製品」として使用していたのだから、できれば①だけで勘弁してもらえないか、というのが原告・被災者の本音であり悲願でした。

①だけならともかく、②や③までもとなると、いまだかつて製品の中なんか見たこともないし、内部がどうなっているのか知ったことではない。それに燃えてしまった焼け殻の中からどうやって欠陥を探し出すのか。ましてその欠陥からどのように発火したかまで言わされるなんて……。

冷凍庫の場合、原告・被災者は、事故当時の日常生活を振り返りながら、「購入してから四年間、ずっと冷凍食品の保存のためだけに使用してきた。それなのに発火したのは製品に欠陥があったからに違いない」とする一方で、「製品の内部にどんな欠陥があったのか、またその欠陥がどういういきさつで発火したのかは専門知識がなく、わからない」という主張立証をしました。このように事故当時の使用経験や習慣、発生状況について克明にする一方で、具体的な製品欠陥については間接的な推定の域を出ていません。

これに対して被告・メーカー側は、「製品の内部のどこにどのような欠陥があったという具体的事実が特定されない限り、製品責任は認められない」、「間接証拠だけでは不十分」と猛反発しました。

ここで裁判所は原告・被災者の言い分を認めて、「一般的消費者である利用者は、それらに関する知識を有していないのが通常である。このような場合に、消費者たる原告側が、本件のような訴訟において、本件冷凍庫が本件火災の発生源である旨の主張立証をするだけでなく、その具体的欠陥等を特定した上で、欠陥が生じた原因まで主張立証責任を負うとすることは、損害の公平な分担という不法行為法の理念に反するものであり、妥当でない。（中略）したがって、消費者たる原告らは、製品の具体的な欠陥等については基本的に主張立証責任を負うものではないと解すべきである。」と判断しています（判決：第六、当裁判所の判断の二、３補論の(二)〈本書二二三頁〉）。

どこまで立証すればよいか

次に原告・被災者がどの程度まで立証すればよいのかという問題があります。ただでさえ火災の場合には証拠が乏しく、拾い集めた僅かな証拠を組み立て、製品の発火から建物への延焼に至る過程を推定し仮説を立てたとしても、多くの場合は弱々しく、あちこちに矛盾をはらんだものになりがちです。

すかさず被告・メーカーは、「原告の主張は根拠に乏しく、矛盾に満ちていて非科学的である」「そんなことではとても立証責任を果たしたとはいえない」「そもそも製品が原因でないにもかかわらず、原因であるかのようにこじつけようとするから不完全な立証しかできないのだ。そのこと自体が矛盾を露呈し製品原因を否定するものである」と反発します。

これに対して裁判所は原告・被災者の立証限界を許容する見解を採り、「民事訴訟における立証は、経験則に照らして全証拠を総合配慮して行う歴史的証明であって、一点の疑義も許されない自然科学的証明ではない。そして、歴史的証明は、裁判官が要証事実について高度の蓋然性の認識を形成し、通常人が疑いを差し挟まない程度に真実性の確信を持ち得ることで足りるのである。」と判断しています（判決：第六、当裁判所の判断の一、8小括(二)〈本書二一九頁〉）。

さらに裁判所は原告・被災者が行った欠陥の間接的な推定についても許容し、「原告が（中略）本件冷凍庫を（中略）冷凍庫本来の使用目的に従った使用方法であるところ、それにもかかわらず、本件冷凍庫が発火し、本件火災の発生源となったものであるから、本件冷凍庫は、本件火災当時、通常有すべき安全性を欠いていたというべきであり、この意味で欠陥があったものといわざるを得ない。」と判断しています（判決：第六、当裁判所の判断の一、8小括(四)〈本書二二〇頁〉）。

被災者のホームグラウンド

被災者がメーカーに対して製造物の責任を追及し、損害賠償を求めようとすれば、少なくとも、①確かにその製品が発火したこと（製品原因の特定）と、②確かにその火が建物に燃え移って火事になったこと（延焼経路）を、どこの誰が聞いても納得できるように説明する必要（立証責任）があります。

やみくもに「製品が悪い」「欠陥製品だ」「メーカーは責任をとれ」と一方的にまくしたてても、大方の理解は得られないどころか、「自分の落ち度を棚に上げ、メーカーに責任転嫁しようとしている」ととられてしまいます。相手が個人であれ会社であれ、請求を起こす側には、それ相当の覚悟と根拠が必要なのは当然でしょう。

ここで訴える側が説得力を備えるためには、まず身辺状況の一部始終を明らかにすることです。それには、①その製品を入手したいきさつ、②ふだんの習慣や使い方、③取扱説明書への気づかい、④使用中の異常感覚、故障修理の記録、⑤事故の前ぶれや気付いたことまで、つまりその製品にまつわる使用体験を克明にすることが大切です。この場所がいわば被災者にとってのホームグラウンドというべきもの。大事にしたいものです。

よく「電気製品なんて、買ってきてコンセントに差し込んで使ってただけ。それ以上、別に説明することなんてない」とそっけない人がいるのはいただけません。

使用体験をきちんと整理して明らかにし、「その製品を目的に沿って普通に使用していた」と胸を張っていえれば、「それにもかかわらず事故が起きたのは製品に欠陥があったからに違いない」と説得できるわけです。多くの場合、「製品内部の微妙な欠陥」に基づく異常動作というものはまれにしか起きず、起きても人目につきにくく、探して見つかることも少ないので、むしろ周辺状況から追いつめる方がたやすいという性質があるからです。

この冷凍庫事件を通じて、私がつけてきたスコアを一枚の図面に表わすと次頁のようになります。

被災者は火災発生から約三年間にわたってメーカーと損害賠償の示談交渉をしつつも一進一退でらちがあかず時効直前で提訴に踏み切りました。その後の経過を見ると、第一回の弁論から最終回の判決言い渡しまで、約四年半の間に合計二四回の法廷が開かれ、原告・被災者側が獲得した心証形成はおおむね右肩上りに推移しています。最終的に勝訴のゴールに向けてシュートを決めたので、示談から訴訟への転換作戦は正解だったといえるでしょう。

ここで「心証形成」というのは、裁判官が審理中に心の中に得た確信または認識のことです。原告・被害者が心証を獲得するためには、裁判官に確信を抱かせるような証拠を提示して立証活動をしなければなりません。その積み重ねが結論として判決になるわけですから、その度合いを情勢分析として常に推しはかることは大事なことです。自分の得点ポジションがわからなくては効果的な攻守の作戦が立ちません。

私の採点スタンダードによれば、原告・被災者が勝敗を決める分岐点は一〇〇点中の約八〇点、確実な勝をとるには八五点以上、できれば、九〇点近くはほしいところです。七〇点位では、せいぜい和解勧告がなされる程度、それ以下では話になりません。

他方、被告・メーカーは、とにかく原告の立証そのものを真偽不明のあやふや状態におとしめれば目的が達せられ、別に出火原因が冷凍庫にあるとかないとかを立証する必要は全くないのです。したがって被告が必要な得点は二〇点位で十分、和解勧告も蹴って逃げ込こもうとするなら三〇点もあればよろしい。

決して「五〇対五〇のドロン・ゲームで和解、五一対四九の僅差で優勝」が通用する世界ではないことを承知して下さい。原告の「立証責任」とは、成績表なら「常に九〇点の〈優〉をとれ」「〈良〉以下は落第」にほかな

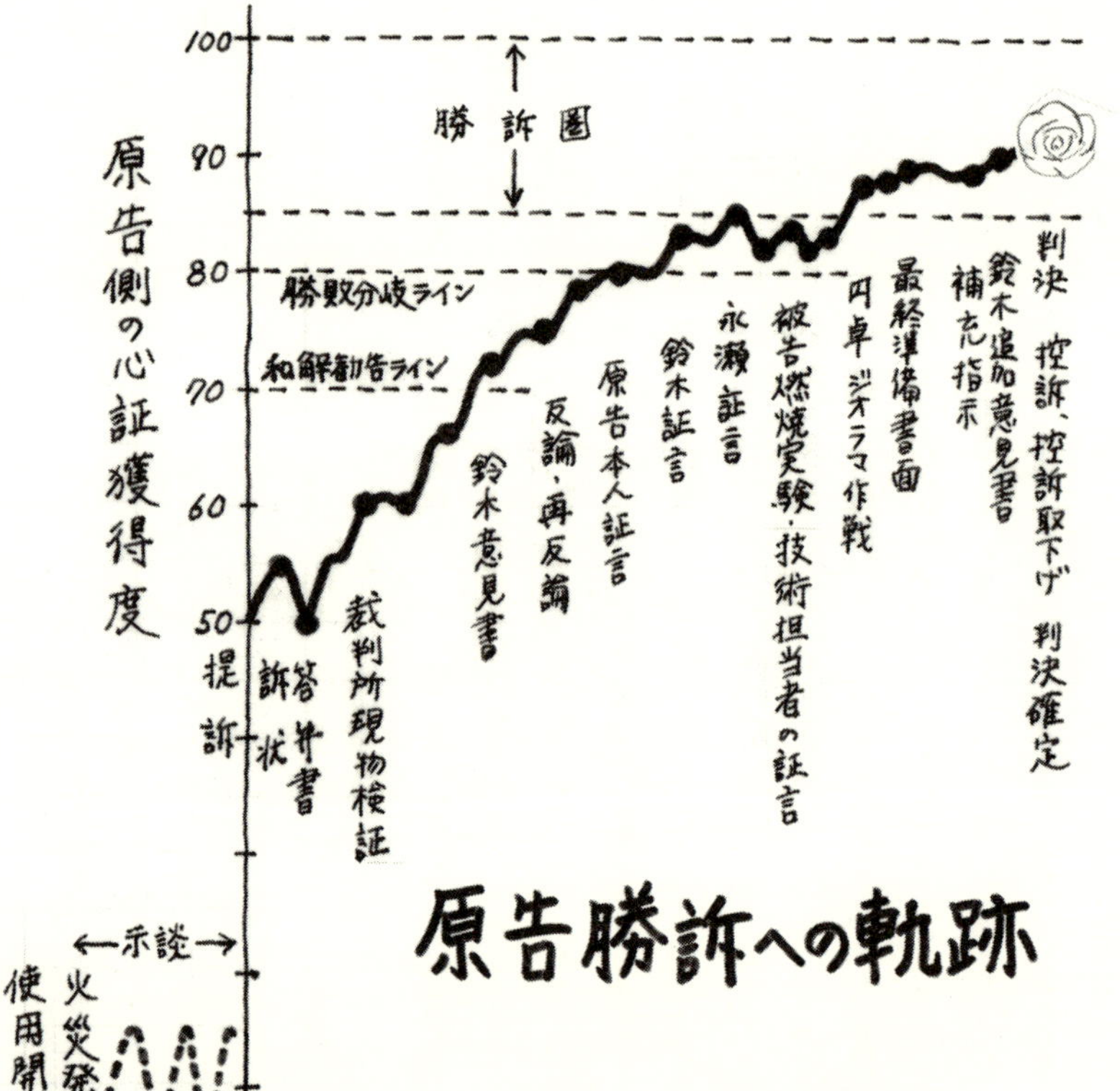
原告勝訴への軌跡
原告側の心証獲得度
100
90
80
70
60
50
0
勝訴圏
勝敗分岐ライン
和解勧告ライン
提訴
訴状
答弁書
裁判所現物検証
鈴木意見書
反論・再反論
原告本人証言
鈴木証言
永瀬証言
被告燃焼実験・技術担当者の証言
円卓ジオラマ作戦
最終準備書面
補充指示
鈴木追加意見書
判決 控訴、控訴取下げ 判決確定
示談
火災発生
使用開始
'91.7
法廷
'86.12 '92 '93 '94 '95 '96 '97 '98 '99年

らないのですから、これが並大抵の仕業でないことは理解していただけますね。

毎回得点なるか

さて冷凍庫事件は原告・被災者側の提訴・訴状提出からスタートしました。原告の主張は格調高く消費者の権利を高らかにうたいあげています。対する被告・メーカー側の答弁書は製造者の基本姿勢を毅然と示し、十分な根拠もないまま安易に製造物責任を問うてくれるなと原告を戒めながら、提訴はとんだ言いがかりでヌレギヌだとして激しい反論を展開しています。両論を読むかぎり、それぞれの言い分はしごくもっともで、心証形成度はプラス・マイナス五点の刺し違えで振り出しは五〇点。その後、数回のジャブの応酬で一進一退。この先いったいどのような攻防が展開し、最終的にはどちらに軍配が上がるのだろうかと興味しんしんです。

次に原告側はイ号作戦を発動し、裁判所を説得して東京から三〇〇キロ離れたいわき市で焼けた冷凍庫の検証を実施しました。ここでは書類や陳述が及ばない、現物をまのあたりにした迫力と説得力によって、一行に効果的な印象を与えることができてプラス一〇点。さらにロ号作戦で、現物証拠（焼けた冷凍庫）に徹底的にこだわって、被災者の体験に警察や消防の見解を織り混ぜて構築した鑑定意見書を提出しました。この意見書にはいくつかの伏線が張ってあり、被告側の鑑定人や参考人の多くがそれにはまってプラス一〇点を獲得。しかしそれでもまだ累積得点はトータル七〇点強にとどまります。

続いてハ号、ニ号作戦で原告と鈴木証人が被告側の反対尋問に耐えて一〇点を獲得、さらに被告側が申請した永瀬証人を問い詰めて「原因は放火」という証言を引き出し、これが裁判所の逆鱗《げきりん》に触れプラス五点。ここでやっとトータル八五点の大台に届く勢いを見せ、原告代理人は胸を張りました。

すると被告・メーカー側は大規模な再現的燃焼実験を波状的に繰り返し、報告書を作成した技術担当者らは打ちそろって「冷凍庫は燃えない」、「冷凍庫が原因ではない」と絶叫調で証言。一時はどうなることかとはらはらしながらプラスマイナス五点位が乱高下し、トータルは八〇点強まで落下して足踏み状態。まだまだ安全圏とはいえません。

ブレーク作戦を発動

俗に胸突き八丁などという通り、頂上を間近にした八合目へさしかかるあたりで最もしんどい局面にさしかかりました。もうあらかたのことは言い尽くした。情勢分析では優勢と思いながらも、さりとて確実な安全圏に達したともいえない。この際、少しでもいいから追加点を得る方法はないものかと陣営は暗中模索しながら、血眼になって考え抜きました。

この閉塞状態をブレークするために編み出したのがホ号作戦です。第一八回の法廷は、裁判官・書記官がカミシモ（法服）を脱ぎ、一同が平服で席順もなく円卓（ラウンド・テーブル）を囲み、ざっくばらんに語り合おうという趣向です。

そそっかしい私は、この日は〈無礼講か〉とカン違い。余興のつもりで準備したのが写真構成のジオラマ（紙芝居のようなもの）の制作・実演です。幕を開けると、このパフォーマンスが受けに受けて傍聴席は超満員でりっすいの余地もなく、立ち見席もあふれてドアが閉まらないほどの大入りに場内は沸き返りました。

フィーバーの中、ほとんど二時間というものは裁判長の眼《まなこ》を卓上のミニチュアにクギ付けにしたまま、当日の論議に花が咲きました。思わず裁判長は「原告の言い分はわかった！」と感嘆をもらし、「あとは被告だ。年内結審を目指す」と宣言し、一足飛びに進捗がはかられることになりました。これを評価してプラス一〇点、トータルで一挙に八五点の大台を超えました。被告側もこの時、ユーモアを解していたずらに拒否権を発動することもなく（しようと思えばできた）、原告側の自由な立証活動を容認してくれた度量の大きさとフェアプレイ精神に対して敬意を表さねばなりません。

こうして九八年末に結審、期待をもって翌年三月の言い渡し予定日に出向くと、裁判長は「未解明の部分があって判決に至らない」として、約六ヵ月の延期猶予と、それまでに「補充意見」を用意するよう原告・被告の両方へ宿題を出しました。下馬評では、「いい判決になる」「裁判長は夏休み返上で腕によりをかけるらしい」「PL史上に残る判決が出るぞ」と期待する反面、一抹の不安もあって拮抗しながらダメ押しの追加意見書を提出。この分を五点に重ねてトータルでは九〇点に迫ったと思います。

なにしろ全一〇〇ページに及ぶ判決文のなかで第六、当裁判所の判断の欠陥論と過失論の部分合計四五ページ中、『鈴木鑑定意見書』によれば」、という名指しの引用が一〇箇所を数えています。不確かな理由で誤った判断がなされるよりはと思いながらも一瞬、「仕事のし過ぎではないのかな」という自省の念がよぎりました。できれば七、八〇点で幕を引いてもらえないのかなあ、というのが実感です。

勝因を分析すれば

「今日の見どころは何か」「先程の説明がわかりにくい」「先方は何を考えているのか」「現在の情勢分析を」これらは毎回、法廷の前後に隣室で開かれた支援者や傍聴人を対象とする「論評講座」の一こまです。一同は法廷審理の実態をまのあたりにしながら、ほんの二、三〇分間、ここで解説を聞き討論に加わることで、身をもって事件に対する理解と納得ができてよかったと思います。傍聴人席から多くの目が光を放てば、法廷内には緊張感がみなぎります。

私はこうした光景を見聞きするうち、どんな複雑な証拠や高尚な理屈も、この普通の人々に通じないようでは裁判所にも届くはずがないと思うようになり、それ以来、当日分の証拠写真や図面をポスターにして持ち込み、壁に張って一席おうかがいを立てたものです。その結果、①聴衆が興味をもって耳目をそばだててくれるか、②内容を理解し納得してくれるか、③熱いレスポンス（意見）が返ってくるか、を常に意識し、これを満足しないような意見書はダメなんだとばかり何度も何度も書き直しました。「虚心坦懐にある普通の人々は最高の批評家である」といいます。私はこのグループからわき上がる素朴な疑問や指摘から、貴重なアイデアを毎回一点分ないしそれ以上を収穫として得ました。トータルでは一〇点のかさ上げに貢献しています。

確実な勝をとろうと思えば、①毎回得点を重ねる、②絶えず情勢分析を怠らない、③常に三手先を考える、に徹することです。毎回の得点は、僅か一点でも二点でもいい。例え一点でも、それを失えば次はそれを埋め合わせてさらに加点しなければならない。だから着実な毎回得点こそが大切です。

また、被告側はしょっちゅう開廷に遅刻します。遅刻は「敵失一点」とカウントすればよい。五回繰り返せば五点。これは決してバカにできない。もしいまから、あの焼け跡を掘り返して五点分の証拠を見つけて来なさいといわれたら、途方に暮れて気が遠くなります。

例えば第一九回の法廷。その日は被告・メーカー側が劣勢挽回のため追加の鑑定を矢継ぎ早に申し立て、その採否が決まる天王山です。午前一〇時二〇分の定刻に開廷。しかし裁判官・書記官、原告・代理人、傍聴人ら一同が着席する中で被告側だけがぽっかりと空席のまま補佐人だけが右往左往。しんと静まり返る廷内で、一同は時計の文字盤と何度もにらめっこしながらぽかんと待ち続けます。やがて長い針が直角を回った頃、とうとう裁判長がしびれを切らして腰を半分浮かしかけたところで、ばたんとドアが開いて汗をふきふき「いやあひどい渋滞で……」などと何食わぬ顔で駆け込み登場。普通ならここで周囲から憤激の視線が矢のように注がれるところ、レフト・ウイングの傍聴人は内心「ああこれで不戦勝。カウント一点」と知っているので思わずニンマリ。何のことかわからなくてキョトンとする被告席。私のスタッフの観察メモによれば、こんなことが都合七回も繰り返されました。

裁判所は厳し過ぎる？

よく「ＰＬ裁判なんて、原告（被災者）の勝訴率は一、二割だよ」という悲観的な見方があります。だからといって裁判所に「厳し過ぎる」「緩和しろ」「被災者の方を向け」と非難の矛先を向ける前に、原告・被災者自身の身固めが足りないように思います。どこに目をつけ、何をどこまで主張立証するか、これらの手加減を間違えると、たちまち消耗戦に陥ってしまいます。不用意にも製品の奥深く、禁断の地に踏み込んだり、気がつくとせっせと墓穴を掘っているなどの愚行が目立ちます。その点、被告・メーカー側は一枚上手でスマート、なかなかの巧者ぶりは見事なものです。

冷凍庫事件で、原告・被災者側はもっぱら製品と板壁の関係に集中的に着目し、製品の内部に立ち入ることを終始ためらい続けました。しかし現実には、断熱材だとか、サーモ、リレー、コード、ホットメルトなど、けっこう製品の内部にまで立ち入った物言いをしています。果たしてこれらは余計なことだったのでしょうか。実はこれらのほかにも製品原因を裏付けるいくつかの隠し球を用意していました。

裁判所はこの点に関し、それは大いにやってよいし、むしろ有益であると評価して、「消費者たる原告らは、製品の具体的な欠陥等については基本的に主張立証責任を負うものではないと解すべきである。もっとも、原告らが審理の対象を明示する趣旨で、右の点を主張し、これを立証することは、もとより許容されるものであり、それが可能である場合には、むしろ、そうした訴訟追行をしていくことが、民事訴訟法上当事者に課せられている信義則に照らし、望ましいものというべきである。」と判断しています（判決：第六、当裁判所の判断の二、3補論の(二)〈本書二二三頁〉）。

そして裁判所は最終的に「本件火災は、本件冷凍庫を発生源とするものであることを推認することができる。」（判決：第六、当裁判所の判断の一、8小括の(一)〈本書二一九頁〉）という判断に到達しました。

安全工学の立場より――国際安全法制の動向――

横浜国立大学教授　清水久二

近年、わが国において消費者を護るための「製造物責任法」が施行されたとはいえ、企業側の対応となると説明書の警告事項をむやみに増やした程度で、危険性を減らすために何か具体的な技術的な方策をとったかといえば、一部の先進企業を除いてほとんど皆無に近いのではないでしょうか。2000年の暮れにドイツの安全装置の専門メーカー２社を訪問見学し、この考えの正しいことを確信しました。日本には安全装置を専業とする制御装置メーカーは存在しなかったのです。その理由は工学会の未熟な世界観、自然観に依るところが大きいと思います。

日本では安全とは「事故や不具合のないこと」であり、それが起こるのは設計や製造側の不名誉な人的過誤によるものと考えます。このように考えた瞬間、事故やクレーム情報は技術改善とは全く無関係なものとして切り捨てられます。昨年の三菱自動車の問題はこのような事例の典型でしょう。これは個々の技術者の責任というよりは、むしろ既往の科学技術を絶対的な世界観として教育の場に持ち込んだ学会や指導的大学の責任が大きいと思います。しかるに欧米は1984年のセベソ指令以降、家庭用・産業用を問わず機器、設備等技術製品の国際安全法制の整備を着々と進めており、既に世界貿易にも影響が出始めています。これらはＥＵの「機械指令」やそれ以降の国際安全規格の発行となって現れており、企業はこれら国際安全規格の動向に注意を怠ってはなりません。

一連の国際安全規格の前提となるのが、ＩＳＯ／ＩＥＣガイド51であり、ここで安全の定義を「リスク最小のレベル」と定義しています。その上でリスクを最小にする安全ライフサイクルを規定しています。このような安全工学的な処置の元で出荷された製品はＣＥマーキングの添付を許されます。いまや欧州ではこのマークのない製品は労働の現場では見当たりません。安全管理は品質管理とは理念の異なる管理行為であり、ＩＳＯ9000、9001の取得で代替することはできません。今後、日本政府と産業界が欧州並みの安全法制を日本に実現するために、一般市民は注意深く見守っていかなければならないと思います。

三洋冷凍庫火災事件をふりかえって

日本消費生活専門相談員協議会会長　小池吉子

東京地裁622号法廷にいつもの傍聴人が集まり始めた頃、原告弁護団の先生方が重そうな荷物を担いで入ってこられました。スクリーンとスライド映写機でした。私は長く傍聴してきましたが毎回の法廷は甲号証・乙号証のやりとりで終わることが多くわかりにくいと思っていました。開廷後、傍聴席の後ろのスクリーンに生々しい火災現場の写真が映し出されると、私たちにも事件の概要がよく理解でき、裁判官の方々も身を乗り出して見ておられたことが印象的でした。また、このような証明の仕方を裁判所が認めてくれたことは新鮮な驚きでした。鑑定人尋問にあたって鈴木鑑定人が精緻な模型を提示して説明されたことがあり、燃え残った棚のお皿の数まで間違いがなく、棚がどう焼けたのか目に見えるようでした。支援者のひとりとして氏のご努力に深く感謝しています。

私は多くの裁判を傍聴してきて、裁判はわかりにくい、裁判官は訴えている人の心がわかるのか、裁判とは一生無縁でいたいという意見が多いのももっともだと思いました。実際、白アリ駆除剤や化粧品の被害に苦しんだ原告の訴えはどこまで認められたのでしょうか。ガンの告知を受け、保険金を問い合わせ、担当課長が出ると言ったのに退院後の手続きで保険の期限は切れていたという事例の裁判でも「課長は会社の一従業員であって間違った説明で責任をとることはない」との説明で棄却となり、同情を禁じえませんでした。

私が冷凍庫裁判の傍聴を続けられたのは弁護団の先生方が閉廷後毎回時間を割いて解説されたこと、解説を聞けずに帰った時は必ず北川夫妻から誠実に郵送されてきたことによるものです。加藤裁判長が「その他の原因がないから冷凍庫からの発火を推認できる」「推認を覆すに足る反証がない」と「推認」という言葉で原告勝訴とされたことに感動しました。ＰＬ法制定では国会委員会の傍聴に通いましたが、推定規程が盛り込まれず、果たして消費者に立証できるのかと不安でした。この判決文で霧の晴れる思いです。判例として今後に繋げたいと切に願っています。

III

冷凍庫火災事件——訴訟経過の特徴と争点

弁護団　谷合周三

冷凍庫火災事件は、一九九四年一二月一四日に提訴、一九九八年一二月一五日に結審、その後弁論再開を経て一九九九年八月三一日に東京地裁判決が言い渡されて終了しました。

この提訴から判決に至るまでの、訴訟手続きの進行は、資料編に収録した年表のとおりです。以下では、原告側が主張した事実と、訴訟における争点、訴訟経過における特徴点、裁判所の判断内容の分析等をおこなっていきます。

1　原告が主張した事実（請求原因）

原告側が、訴状等において主張した事実の概要は次のとおりです。

これらの事実が立証できれば、被告に損害賠償責任があるとの判決が得られることになります。この事実を、民事訴訟では、請求原因事実といいます（厳密な意味での請求原因事実は、以下の事実の全てではなく、その一部です）。

冷凍庫の購入と使用

原告夫妻は、一九八六年一一月、福島県いわき市で、飲食店兼住居とするため、本件建物を購入し（土地は賃借しました）、増築の上、飲食店の経営を開始しました。

同年一二月、本件冷凍庫（内容量約二八〇リットルで、上蓋を引上げて開閉するものでした）を購入しました。

以後、冷凍庫を、その本来の用法に従い、食材等を冷凍保管して使用していました。本件火災発生まで、原告が知る限り、故障等はなく、異常等もありませんでした。

本件火災の発生

一九九一年七月一日午後八時四四分ころ、原告夫婦が不在中の本件建物で、本件火災が発生しました。

原告夫妻は、午後八時ころ閉店し、午後八時三〇分ころに、車で外出しました。その際、閉店の際にいつも行っているとおり、ガスの元栓を締め、ボイラーのスイッチを切り、煙草の吸殻を捨て、戸締まり等を行いました。

原告夫婦は、午後八時五〇分ころ、立ち寄り中のスーパーの店内ラジオ放送で火災発生を知りました。

現場見分

火災の翌日の一九九一年七月二日午前九時過ぎから、所轄の消防署と警察署が合同で現場の見分を実施しました。見分担当者は、原告夫妻に対し、本件冷凍庫からの出火であると説明しました。

被告との交渉経緯など

原告夫婦は、その後すぐに、火災による損害の賠償を求めて、被告関連会社との交渉を始めました。

一九九二年五月、被告は原告に対し見舞金三〇〇万円での解決を提案しましたが、原告はこれを拒否しました。なお、被告側では、一九九一年七月四日に被告の関連会社が警察署内で本件冷凍庫を写真撮影し、同年同月二四日には被告が警察署内で冷凍庫に対する調査を実施していました。また、一九九二年二月ころまでに、冷凍庫発火に関する再現テスト、同種製品による事故事例の調査等も実施していたとのことです。

火災の原因

本件火災は、本件冷凍庫からの発火によるものです。すなわち、本件冷凍庫は、通常の使用中に、発火という異常事態を起こしたのです。したがって、本件冷凍庫は、通常有すべき安全性を欠き、欠陥があると評価できます。

本件冷凍庫からの発火であることは、本件建物の焼損状況（本件冷凍庫付近、本件冷凍庫の焼損状況等）や、冷凍庫付近に冷凍庫以外に発火源となるようなものがないこと等から立証できます。

被告の責任（民法七〇九条、不法行為）

本件欠陥から、被告の設計ないし製造上の過失が推認されるべきです。被告には、電気製品のメーカーとして、高度な安全性確保義務があるというべきです。

損害

原告夫妻等は、焼失動産、休業損害、慰謝料、弁護士費用等で約三三〇〇万円の損害を被りました。

2　訴訟における争点

最も大きな争点

原告は、①建物の焼損状況等から、本件冷凍庫から発火したと評価できること、②冷凍庫内部の具体的な発火部位や発火延焼経路等の主張や立証は不要であること、を主張しました。

これに対し、被告は①本件冷凍庫からの発火と評価できないこと、②原告は冷凍庫内部の具体的な発火原因等を主張立証しなければならないこと、を主張しました。

すなわち、冷凍庫に欠陥があるか否かという争点は、主張立証の対象は何か（上記②の問題）、冷凍庫からの発火と評価できるか否か（上記①の問題）の二点に分けられます。

主張立証の対象

原告側は、製造物責任法の立証趣旨（安全な製品の供給による消費者保護）と条文内容（欠陥とは、通常有すべき安全性を欠いていること）に基づき、通常使用中に異常事態（発火）が発生した場合には、欠陥と評価すべきであると主張し、被害者側の主張立証としてはそれで必要十分であると主張しました。

欠陥商品による被害の救済と損害の公平な分担という観点からは、上記外形的な事実の主張で足り、製品内部における具体的な発火原因の究明まで被害者に求められるべきではありません。

原告としては、冷凍庫内部の構造や部品等に関する技術論争にはまり込んでいくと、冷凍庫からの発火を具体的に説明することは難しくなると考えていました。製品の設計・製造等に関する知識、能力、同種製品の事故事例等に関する情報等は、圧倒的にメーカー有利ですから、製品内部での論争は極力避けたいと考えていました。この方針は、東京ＰＬ弁護団での同種事件の具体的な経験に基づいています。

冷凍庫に欠陥があったか

原告には、冷凍庫発火を直接立証する証拠はありませんでした。ここで直接立証する証拠とは、例えば、冷凍庫から火が出たのを目撃した証言や、発火した痕跡を残す焼け残った冷凍庫の部品等のことです。これらは通常、動かし難い冷凍庫発火の証拠となります。しかし、本件では、このような直接証拠はありませんでした。

原告は、その他の状況証拠を積み重ねて、本件冷凍庫からの発火であることを立証する方針でした。具体的には、本件建物の焼損状況（焼け方、焼け具合）、冷凍庫の焼損状況（鉄板で囲まれた冷凍庫の内部が燃えていること等）、冷凍庫との建物との位置関係（冷凍庫から発火した火が建物へ燃え移っていった状況であること）、冷凍庫から発火する可能性があること等を主張立証していきました。

建物の焼損状況等は、警察及び消防の実況見分調書、本件冷凍庫の検証等で立証しました。

冷凍庫からの発火の可能性については、①鈴木技術士の意見書、②冷凍庫ないし冷蔵庫による他の火災事例があること等を証拠で提出しました。

これに対し、冷凍庫からの発火であることを否定するため、被告は、鈴木意見書による発火経路は不合理であるとの指摘や、冷凍庫の焼損は、冷凍庫以外の火元からの延焼であるとの指摘等を行い、専門家の意見書等を提出して反論しました。

また、被告は、冷凍庫からの発火がありえないことを立証するため、同型冷凍庫からの発火テスト等を内容とする鑑定申立なども行いました。この鑑定申立は、裁判所が採用しませんでした。

なお、ここで重要なことは、原告側に、冷凍庫から発火したことの立証責任があることです。裁判所が、冷凍庫から発火したとの心証を形成しなければ、欠陥が立証されていないこととなり、原告側が敗訴します。

そこで、原告は冷凍庫からの発火であることに疑いはないという程度にまで立証する必要があり、他方、被告は、冷凍庫からの発火の疑いがあるとしても、他の火災原因の可能性もあること等を指摘して、裁判所の心証形成を妨げる必要があり、かつそれで足りるということになります。

以上のような原告と被告との攻防が本件訴訟でも行なわれ、最終的には、冷凍庫の内部からの発火か、外部からの発火か、が実際上の最重要争点となりました。

すなわち、本件冷凍庫内部の断熱材がほぼ焼失していることに争いはなく、この断熱材が、冷凍庫内部からの火で燃えたのか否かが、重要な争点となりました。

この争点の判断の材料として、冷凍庫内部からの発火可能性の有無、内部発火と現場の焼損状況との符合の有無、冷凍庫背後の壁への着火位置はどこか、他原因（本件では人為的作用のみ）の可能性の有無等が争われました。

過失の有無と損害評価

本件判決は、被告の過失の有無については、大阪地裁でなされたテレビ火災事件の判断の流れに従い、欠陥が認められた場合に、過失を推認するという判断枠組みを採用しました。

3　訴訟経過における特徴点

上記のように、原告にとって、欠陥の立証が本件訴訟における最重要課題でした。そこで、以下、本件訴訟の経過等において、欠陥立証にとって重要な特徴点等を中心に指摘してみます。

時効直前のスタート

私たちが、原告夫妻から具体的な相談を受けたのは、一九九四年六月二八日でした。これは、三年という時間の経過によって不法行為責任の追及が法律上できなくなるという期間が経過する直前の時期でした。

弁護団では、時効を中断させるため、とりあえず内容証明郵便による請求書を発送し、その後六ヵ月間で具体的な調査等を行なう予定として、スタートしました。

提訴前の現地警察署等の調査

原告が、冷凍庫から発火したと考えたのは、火災翌日の警察・消防の火災現場見分の際に、そのように説明を受けたことがスタートです。

そこで、私たちは、一九九四年八月一九日、福島の所轄警察署と消防署に、火災原因等について説明を求めに行きました。また、あわせて被災した冷凍庫の見分も行いました。この調査は、原告代理人が本件訴訟を維持遂行していく上で、冷凍庫からの発火を確信し続ける根拠となった点で、重要なものとなりました。

当時は、警察署からの資料入手は、訴訟提起の前後を問わず不可能でしたし、消防署からの資料入手も訴訟提起後に裁判所から資料提供の依頼があって初めて入手ができるという状況でした(なお、その後、個人情報保護条例や情報公開条例に基づいて、火災に関する実況見分調書等を入手する方法が発見されています)。

しかし、法律上絶対に資料が入手できないというわけではなく、また、事情を聞きに行けば、一定の情報が得られる可能性もありました。

このときは、消防署からは具体的な説明を得ることができませんでしたが、警察署からは、具体的な説明を受けることができました。警察署では、火災原因は不明との判断でしたが、火災現場の状況を記録した写真や図面等を保管していました。警察署でも、冷凍庫が火元である可能性が高いと考えていた様子で、冷凍庫と冷凍庫の背後の板壁の焼損状況を図面にしていました。この図面を見る限り、冷凍庫から発火して、背後の板壁に延焼していったものと判断するほかないと感じました。この図面はぜひとも証拠として利用したいと考えました。

そして、後に、この図面が添付された警察署作成の実況見分調書を、裁判所を通じて入手することとなります。

被災冷凍庫の確保

本件では、被災した冷凍庫自体も、その焼損状況等が欠陥認定のための重要な証拠となりました。

この冷凍庫は、原告が警察署に提出し、一旦所有権放棄の書類にサインをしていたものを、原告自身がこれを取り消して取り戻していました。

火災事故の場合に、被災品の所有権放棄等の手続きは、通常行われていることのようですが、本件では奇跡的に確保されたのでした。原告自身も、冷凍庫自体が訴訟においてこれほど重要な証拠となることは思っていなかったと思います。

冷凍庫の構造・部品等に関する求釈明

さて、一九九五年二月二八日に東京地裁で、第一回口頭弁論期日が開かれ、訴訟がスタートしました。

弁護団では、冷凍庫に関する情報を独占している被告に、スタートから、その情報の開示を求めていきました。すなわち、本件冷凍庫と同型品を証拠として提出すること、冷凍庫の内部部品、配線、使用部品に関する説明を求めて行きました。

同型品は、被災品と比較するために必要であり、冷凍庫内部の情報は、発火可能性を検討する上で必要不可欠な情報です。

被告は、基本的に原告の求めに応じて、順次証拠提出や準備書面での説明等を行いました。この点では非常にフェアな対応であったと思います。特に、他のメーカーとの訴訟の際の対応と比較すれば、紳士的と言える対応でした。

これらの情報は、訴訟において、火災原因は何かを判断するための、基本的で客観的な前提となる情報ですから、当然裁判所に提出されるべき情報です。

なお、被告が火災直後に所轄警察署内で冷凍庫等を撮影していた写真等も証拠として提出することを求め、被告はこれにも応じて証拠提出しています。

警察・消防からの関係資料の送付嘱託

また、裁判所を通じて、消防署、警察署に対する、火災に関する資料（実況見分調書、火災原因判定書、発見者、被害者の供述書等）の送付嘱託を行いました。

消防署は、従前の訴訟の例では、一定の資料を送付してきており、本件でも、火災原因判定書等の資料の送付を得ることができました。

一方、警察署については、前述のとおり、それまで製造物責任訴訟で、資料送付に応じたことはなかったのですが、本件では、実況見分調書を送付してきました。火災後の本件建物の焼損状況等を、文章と写真、図面とで客観的に記録したこの資料は、冷凍庫から発火したものか否かを判断する上で、必要不可欠の資料となりました。消防署の記録した実況見分調書と比較しても、その量と質において格段に充実していました。なお、当然のことながら、被告も、この資料に基づき、その主張を展開しています。

そして、送付された各資料中の写真について、できるだけ正確に把握するため、裁判所を通じて、写真自体の送付を依頼し、警察、消防とも、これにも応じてきました。火災直後の状況を記録した写真の内容を正確に把握するうえで、非常に役立ちました。

本件冷凍庫及び同型冷凍庫の検証

弁護団では、裁判所が検証を行うことに直ちに積極的になるとは必ずしも思っていませんでしたが、あっさりと検証を行うこととなりました。

また、被告も、被災冷凍庫と同型の冷凍庫の提出を約束し、二つの冷凍庫について、一気に検証を行うこととなりました。

検証を実施するにあたっては、見分順序、見分箇所、写真等で記録しておくべき部分、写真に対する指示説明の内容等について、事前に、裁判所、当事者で協議を行い、客観的な記録となるように努めました。

そして、検証実施後、当事者がそれぞれ撮影した写真等を提供して、検証調書を完成させました。

この検証調書も、本件冷凍庫の焼損状況を指摘し、冷凍庫からの発火を主張立証する上で、重要な証拠となりました。

鈴木鑑定意見書

以上のように、被災冷凍庫、警察と消防が記録した客観的な資料、冷凍庫内部のある程度の部品・構造等に関する情報、本件冷凍庫と同型の冷凍庫の状況等を把握したうえで、本件冷凍庫から発火したことと、本件冷凍庫から発火する可能性が十分にあることを立証するため、鈴木技術士に、本件火災原因に関する鑑定意見書を作成してもらうこととしました。

鈴木技術士には、検証の前に、本件冷凍庫の状況を見分してもらい、検証の具体的な実施方法等についての打合せ等も行いました。

鈴木技術士に作成してもらい、あるいはそのアドバイスに基づいて、裁判所に提出した証拠は以下のとおりです。

一九九六年五月二〇日付け鑑定意見書（甲11の2　火災原因を鑑定した基本意見書）
一九九七年五月二八日付けスライド写真説明書（甲13　証人尋問の際に利用したスライドの説明書）
一九九七年五月二二日付け燃焼実験の概要(甲14　被告からの求釈明に応じて提出したウレタン断熱材燃焼実験の概要説明書)
一九九八年七月一二日付け写真撮影報告書（甲16　冷凍庫及び冷凍庫置場等の復元模型を撮影したもの）
一九九八年一〇月一五日付け写真撮影書(甲17　サーモスタット＝被災品と同型品＝を比較して撮影したもの)

一九九九年三月一八日付け技術士意見書（甲23の2　審理最終段階での裁判所からの主張立証指示に対応した意見書）

いずれも、冷凍庫からの発火であることを説明するために、非常に重要な証拠となりました。

〈一九九六年五月二〇日付け鑑定意見書（甲11の2）について〉

最も基本となる鑑定意見書です。結論として指摘していることは、①本件火災の出火源が本件冷凍庫であると断定できること、②本件冷凍庫からの発火と延焼経路等についての最も合理的な推定として、サーモスタットから発火し、ウレタン断熱材を燃焼し、冷凍庫の背後の板壁に延焼していったこと、の二点です。

①冷凍庫が出火源であると判断した根拠は、次のとおり指摘しています。

消防署及び警察署の実況見分調書、消防署の火災原因判定書の内容を検討し、出火箇所を「本件冷凍庫の背後の内壁部分」との一致した指摘に十分な根拠があると判断できること、この内壁の焼損状況が冷凍庫の位置と対応していること（特に冷凍庫背面の上端部付近から噴出した火炎によって着火延焼したものと判断できること）、内壁の焼損状況から、内壁は冷凍庫側から焼損したといえること、本件冷凍庫自体の焼損状況（背面上端部に火炎の噴出跡＝鋼板の崩落部分があること、正面のサーモエスカッション部分に、冷凍庫内部に発火点が存在したことを窺わせる焼損度合いの著しい鋼板崩落部分があること、正面及び両側面の鋼板上に、冷凍庫内部の発火点及び延焼経路を窺わせる「放射状の条痕」があること）から、本件建物では冷凍庫背後壁から出火したのであり、その出火は冷凍庫内部からの火がもたらしたと結論付けました。

②発火部位、延焼経路の合理的な推定については、次のとおりです。

まず、ここでの指摘は、あくまでも、最も可能性の高い推定を行ったものであって、サーモスタットから発火したこと自体を立証しようとしたものではありません。合理的に推定できる発火部位を指摘したのです。意見書では、そのような推定を根拠づけるだけの事実が指摘されています。

Ⅰ　鈴木意見書は、延焼経路を次のように推定します（この延焼経路は判決でも合理的なものと判断されています）。

第一段階

サーモスタットから発火→サーモスタットを被包するポリエチレン製カバーフィルム→制御・表示盤（サーモエスカッション部。この部分は、冷凍庫正面側左下部に位置します。以下「サーモ部」といいます）内の可燃性構造材（合成樹脂等）→同部の上方約四センチに位置するホットメルト（冷凍庫の外側正面の鋼板とサーモ部の天板との接合部に、隙間を埋めるために充填された合成樹脂充填材。接着剤のような外観で、黄色）と火が伝わった。

第二段階

ホットメルトが燃焼した結果、溶融したホットメルトが燃料となってサーモ部の火勢を強める→前記接合部の隙間に露出したウレタン断熱材に火が移る。

第三段階

ウレタン断熱材は冷凍庫の周囲を取り巻いており、断熱材に着火した火は、この断熱材に燃え広がりながら冷凍庫上端に達して、扉パッキング等を焼失させ、火炎が外部に噴出し、冷凍庫の背後の板壁に着火延焼し、建物全体に及んだ。
鈴木意見書が、このような延焼経路をもっとも可能性が高いものと判断した根拠は、次のとおり発火点と延焼経路の考察からです。

Ⅱ　発火点について

冷凍庫内部の発火点については、一般的に考えられる発火原因のうちから、本件火災で考え得る原因としてトラッキング（絶縁破壊）を指摘し、本件冷凍庫の電気回路図等から、トラッキングが発生する可能性のある箇所＝電源コード及び差込プラグ、冷凍庫内の灯ソケット・ランプ及び配線部分、サーモスタット等＝をピックアップします。そのうち、トラッキング発生の可能性が最も高いのがサーモスタット端子台、次が庫内灯関係部分と指摘します。

そして、サーモスタットは、温度制御スイッチであり、モータコンプレッサ等への通電を、サーモスタット内部の電気接点で断続する機能を有しており、断続する電流は、冷凍庫全体の定常的な消費電流の約九〇％に達すること、サーモスタットの二端子間には常時、電源電圧が印加されているため合成樹脂端子台の表面には容易にトラッキングが発生する条件があること等が指摘されています。

そのうえで、被災したサーモスタットと、被災していない同型部品を比較し、被災品については可燃部分がことごとく焼失していること、一方、冷凍庫背面側（サーモ部の後方に位置する）の部品である始動リレーと過負荷リレーについて、被災品と被災していない同型部品を比較すると、燃焼しやすい樹脂部分は燃焼に至らず原型を留めていることを指摘しています。

すなわち、サーモスタットからの発火可能性が高いこと、部品の焼損状況からも、背面側より正面側にあるサーモスタットからの発火が疑われることを論証しています。

Ⅲ　延焼経路について

鈴木意見書は、まず、本件冷凍庫の外観から、焼損度合いの大小を判断します。焼損度合いの大きい箇所は、冷凍庫正面左下のサーモ部、正面及び背面の上端部等であり、小さい箇所は、背面下部等であることが、検証調書の写真等でわかることを指摘しています。

そして、断熱材の燃焼実験を行った結果として、断熱材が非常に燃焼しやすいことを指摘し、断熱材が鋼板でサンドイッチのように挟まれていた場合（本件冷凍庫の状態）には、燃焼に必要な酸素の供給が十分ではないため瞬時に燃え上がるということはないが、くすぶり迷走しながら燃焼を続け、上端に達したときに一気に火勢が高調することを指摘しています。

次に、冷凍庫の背後の壁の焼損について、冷凍庫側の焼損度合いが強いことを指摘しています。この指摘で、背後の壁は、冷凍庫側から燃焼したことがわかります。

また、冷凍庫背面と、背後の板壁の焼損状況が符合していることも指摘します。

以上のような客観的な事実を把握した上で、サーモ部から発火し、冷凍庫内断熱材を燃焼させ、冷凍庫上端部から火炎が噴出して、背後の壁に延焼して行ったものと推定しています。

鈴木意見書は、この推定が、最も矛盾なく、冷凍庫や背後壁の焼損状況を説明できるものであると論証したのです。

意見書に添付された延焼経路推定図面は次頁のとおりです。

写真　被災冷凍庫におけるサーモエスカッション部取付け用鋼板開口部の焼損崩落状況

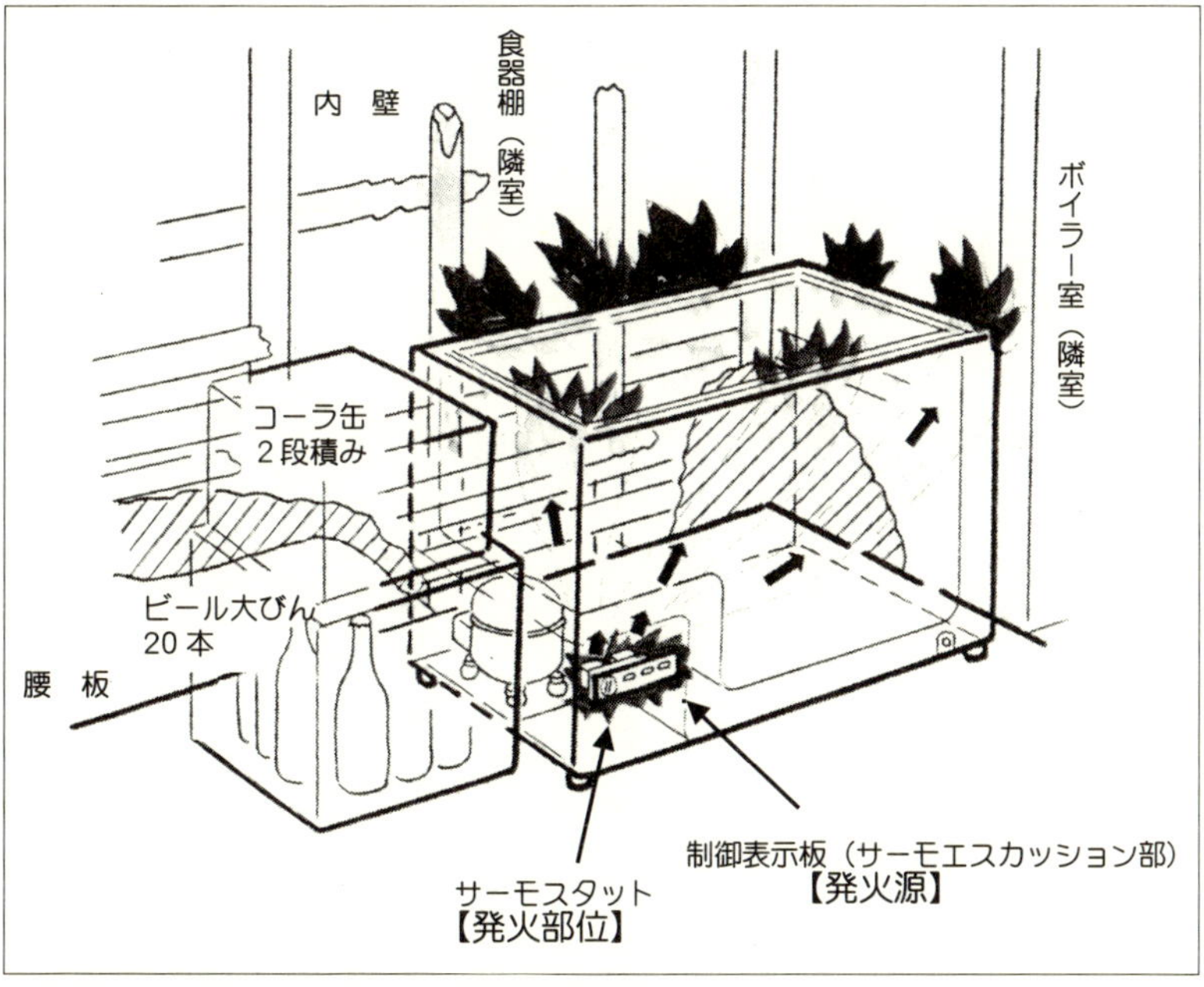

被災冷凍庫における発火部位と延焼経路の推定

Ⅳ　その他の意見書等

その後に証拠として提出した前述の意見書等は、上記鑑定意見を補強するものや、被告からの求釈明、反論等に対応するもの等です。

鈴木技術士の証人尋問の際に、スライドとして利用する写真、図面を証拠としてまとめたもの（甲13　一九九七年五月二八日付けスライド写真説明書、甲14　一九九七年五月二三日付け燃焼実験の概要）、冷凍庫と冷凍庫置場の状況を復元した模型を撮影したもの（甲16　一九九八年七月一二日付け写真撮影報告書）、サーモスタット＝被災品と同型品＝を比較して撮影したもの（甲17　一九九八年一〇月一五日付け写真撮影書）等です。

これらの証拠では、同じ指摘を繰り返して行っている部分もありますが、同じことを材料をかえて何度も指摘するということは、裁判所に心証形成をしてもらう上で、たいへん有効であったと思います。

また、訴訟の終結段階での裁判所の指摘に対して、原告側の主張立証を補充するために提出した一九九九年三月一八日付け技術士意見書（甲23の2）も、裁判所が冷凍庫発火という確信をゆるぎないものにするために、必要不可欠であったものと考えています。

この意見書で説明をしたことは、冷凍庫内の外箱の焼損に比較し、内箱の焼損の程度が原告の主張と矛盾するのではないかとの指摘に対する回答、電気製品等から発火した火災の場合に、内部部品等に電気的痕跡が必ず残るか否かとの指摘に対する回答等です。

また、最終的なまとめとして、本件火災の発生から鎮火に至るまでの間に、本件冷凍庫の背後の板壁が、どのような燃焼経過をたどったのかについての推測を主張しています。その推測を合理的に根拠づけるため、本件火災の推移を、消防警察の実況見分調書等、冷凍庫の焼損状況等から、建物、冷凍庫、背後壁、背後壁裏側（調理室側）の壁の燃焼推移を指摘しています。火災事例において、火災原因（発火源）を合理的に推測するための一つの方法論が確立されたと言える意見書です。

本人尋問

一九九七年二月二五日、原告北川公造さんの尋問を行いました。本件冷凍庫を通常使用していたこと（購入時期、設置場所、利用方法、冷凍庫付近に置いていたもの＝ビールケース等＝の説明等）、警察及び消防の担当者から冷凍庫が火元であると説明を受けたこと、失火や放火がありえないこと、被告との約三年にわたる交渉の経緯と内容、火災による被害の具体的な内容等を、話してもらいました。

また、北川さんの人となりを裁判所に理解してもらうため、北川さんが作詞した歌「笑顔であいさつ」（一九七九年、ラジオ番組に応募して採用され、作曲家森田公一氏が曲をつけた）を法廷で披露してもらいました。

なお、通常の民事訴訟における尋問の際の準備と同様、尋問に先立ち、北川さんの陳述書を証拠提出しています。

鈴木技術士尋問

一九九七年六月三日、鈴木技術士の証人尋問を行いました。原告の主張する冷凍庫内部からの発火とその延焼経路が合理的であることを効果的に説明するため、スライドを使用することを裁判所に提案し採用されました。

スライドで映写する写真や図面を別途証拠書類として提出したうえ、法廷では、前記の鈴木技術士の鑑定意見の内容を具体的に説明してもらいました。

永瀬章尋問

一九九七年九月三〇日、被告側の鑑定意見書を作成した永瀬章氏の証人尋問を実施しました。原告側の尋問担当者としては、同氏の見解を十分に弾劾できたと思っています。しかし、もともと、同氏の意見は、本件火災の原因究明にとって、全く役立たないものであるばかりか有害なものであって、裁判所を混乱させるおそれがあるというだけのものであったと考えています。しかし、逆に、それだけに、裁判所がそのような意見に引きづられてしまえば、判決は、全く不当な結論となってしまうという危険もあります。

現場模型での説明

一九九八年七月一五日、準備手続きが行われた際に、弁護団は、冷凍庫や冷凍庫置場の状況を復元した模型を、裁判所に持ち込みました。この模型は鈴木技術士が作成したものです。

この模型に基づき、裁判所に、火災現場の状況と原告側の主張が合理的であることをさらに立体的に理解してもらうように説明を行いました。

訴訟上の記録のために、模型を撮影した写真を別途証拠として提出しています（前述の甲16）。

なお、この模型については、被告から借用の申出もありました。

鑑定申立の不採用

被告からは、鈴木技術士の推定した「サーモスタットからの発火→サーモ部燃焼→断熱材燃焼→上端部から火炎噴出↓背後壁に着火延焼」がありえないことを反証するための立証方法として、各種実験結果の証拠提出があったほか、裁判所による鑑定を求める申立もなされました。

被告申請の鑑定は、その具体的な内容としては、冷凍庫内の断熱材に着火した場合に、断熱材の中を火が延焼し得るか否か等を実験によって確認しようとすること等でした。

原告弁護団では、このような再現実験は、本件冷凍庫が発火したのか否かを判断するためには役立たないと主張して、鑑定を行うことに反対していました。製造者側は、再現実験を、「過酷な条件下での実験でも、製品は発火しなかったから、火災原因になることはありえない」という主張のために利用しています。

しかし、製造物責任訴訟で争点となっているのは、当該火災事故で、火元となったのは当該製品か否かです。ところが、再現実験は、正常品を用いて行われているのですから、そもそも、製品に欠陥がないことを前提にしているのです。したがって、当該製品（この火災で、発火源であると指摘されている製品）に欠陥があったか否か＝当該製品が発火源か否かを判断するには役立ちようがないのです。

裁判所は、一九九八年九月二二日、被告の鑑定申請を採用しないこととし、後記のとおり、判決の中でも、被告が証拠提出していた複数の再現実験結果についても、反証として不十分であると指摘しています。

4　裁判所の判断内容の分析

概要

本件判決は、冷凍庫から発火した事実を認定して、製造者に不法行為責任を認めた判決です。

すなわち、本件冷凍庫からの発火を認定したうえで、発火自体が冷凍庫の欠陥である＝通常有すべき安全性を欠く＝と判断し、発火当時に欠陥があった場合、特段の事情のない限り当該製品を流通に置いたときから欠陥があったものと推認し、さらに、製造者には、当該製品を設計、製造し流通に置くに際し、安全性確保義務違反＝過失＝があった、と判断しました。

特徴点

まず、最初に、特徴点を項目的に指摘しておきます。

製造者の責任について

(ア) 欠陥判断の基準

製品が通常使用中に発火すれば、流通に置かれた時点で欠陥ありと推認

(イ) 欠陥認定の方法

目撃者がいない火災事件で、他の間接事実から冷凍庫発火を認定

(ウ) 再現実験は不要

被告申請の鑑定を、製造物責任訴訟では必要ないとして採用せず

損害関係

(ア) 動産焼損による損害について民訴二四八条を適用

原告の立証困難を救うために、民事訴訟法二四八条を適用して損害額を認定。同条は、損害の発生は立証できているが、損害額の立証が困難な事情がある場合に、裁判所が損害額を決定できるという制度です。

（イ）財産損害について慰謝料を認定
（ウ）弁護士費用は損害額に対して約二〇％
製造物責任訴訟における訴訟追行・準備の専門性・困難性を考慮して、不法行為訴訟においては、通常一〇％程度の損害評価であった弁護士費用を約二〇％と認めました。

欠陥判断について

以下では、主に、欠陥判断についての特徴点を指摘していきます。

欠陥に関する主張立証責任についての考え方

判決は、原告（消費者）の主張立証責任の範囲がどこまでかを、補論と題して指摘しています（本書二二三頁）。結論として、「冷凍庫内部の発火箇所、発火の機序、発火の原因となった本件冷凍庫の欠陥（以下「製品の具体的な欠陥等」という。）について」の主張立証責任は、消費者にはないとし、「本件冷凍庫が本件火災の発生源である旨」の主張立証で足りるという判断を示しました。

その理由として、判決は、具体的な欠陥等の主張立証まで消費者に課すことは「損害の公平な分担という不法行為法の理念に反する」ことをあげ、具体的な主張立証責任を課すことが不合理であることは「製品が完全に損壊し、欠陥を特定することができなくなった場合には、常に製造者が免責されることになってしまう事態を想定すれば明らか」であると指摘しています。

この考え方は、基本的に、原告の主張どおりの主張立証責任、欠陥概念の考え方です。

もっとも、判決は、製品の具体的な欠陥等について、その主張立証が可能である場合には、これを行うことが望ましい、としています。

そして、本件では、原告は、本件冷凍庫の発火原因が、サーモスタット（温度調節を行う部品）のトラッキングであること及びその燃焼経路等について主張し、この点が攻防の対象になったという経緯があったと指摘しています。

しかし、原告の主張は、サーモスタットが、本件火災の具体的な発火原因であるというものではありませんでした。本件冷凍庫からの発火可能性があることの主張立証として、サーモスタットからの発火可能性があり、その蓋然性が高いと主張していたに過ぎません。

非常に微妙な話ですが、サーモスタットからの発火を立証することは不可能であって、原告はこの事実を立証することは目指していませんでした。ただ、冷凍庫からの発火可能性があるという事実の立証を行ったのです。なお、判決でも、冷凍庫の欠陥の有無の判断箇所では、原告の主張にそった認定を行なっています。すなわち、「本件冷凍庫から発火すること及び本件板壁に着火する可能性」と題する箇所で、鈴木鑑定意見書の内容を検討して、冷凍庫からの発火を基礎付ける事情の一つと位置付けています。

以上のところから、明らかなように、「主張立証責任の考え方」としては、具体的な製品内部の欠陥原因の主張立証までは不要ですが、実際の本件訴訟では、製品内部にかなり踏み込んだ主張立証を行いました。

逆に言えば、具体的な発火原因の可能性を指摘できないと、「冷凍庫からの発火」が立証できていないと判断される可能性も十分にあったと思います。

実際の訴訟遂行上の実感としては、裁判所から、製品内部からの発火可能性があるのか、製品内部から発火したとして、冷凍庫の焼損状況や冷凍庫付近等の建物の焼損状況が、合理的に説明できるのか、ということの説明を、厳しく要求されたという思いがあります。

実際にも、最終的な判決言渡しは一九九九年八月三一日でしたが、当初の判決言渡し予定は一九九九年三月九日（結審は一九九八年一二月一五日）でした。

ところが、この当初予定の言渡し期日直前に、裁判所が弁論再開をして、私たちに言わせれば、細かい点について、主張立証の補充を求められました。

裁判所からは、①冷凍庫内部の部品等に発火の痕跡はないという被告の指摘があったのに対し、電気製品が発火した場合、製品内部に発火を裏付ける電気的痕跡が残るとは限らないと言えるのか否か、②冷凍庫の外箱には冷凍庫発火を裏付けるような焼け跡があるが、アルミ製の内箱にはそのような焼け跡がないのはなぜか、③冷凍庫から発火した火が冷凍庫ウラの板壁のどの位置に燃え移ったのかなどについて、主張立証の補充を求められたのです。

つまり、原告が冷凍庫内部の部品＝サーモスタット（温度調節器）から発火した可能性が高いという証拠（鈴木技術士意見書）を提出したのに対し、そのサーモスタットから発火して、冷凍庫背後の板壁に着火する経路について、被告が、サーモスタットから発火することはない、仮に発火したとしても、冷凍庫自体が燃焼することはない、さらに、冷凍庫から発火しても、本件板壁に着火することはない、と、原告指摘の燃焼経路のどこかを切断して、冷凍庫発火はありえない、という主張と反証をしていたことについて、それらを全て否定する説明をするようにと求められたのです。

これらを否定する説明ができなければ、冷凍庫からの発火について、立証できていない、とされる危険もありました。いま、考えると、もし、弁論再開がなければ、あるいは敗訴していたのではないかと冷やっとします。

欠陥立証をめぐる実際上の訴訟進行と争点

原告の欠陥に関する基本的な主張は、冷凍庫の焼損状況、火災現場の焼損状況等から、冷凍庫からの発火であると判断できるいうものです。それ以上製品内部には入り込まない、というスタンスでした。

一方、被告からは、当初、原告において冷凍庫内部からの具体的な発火原因事実の主張が必要との主張がなされました。

裁判所の訴訟指揮は、このような被告の主張は採用しないという感触でしたが、原告に対する前記のような注文がなされたこと等から、そもそも冷凍庫内部から発火することがありえるのか、ありえるとしても、冷凍庫は鋼鉄製だから内部から火が出たとして、どうやって外に火が出たのか（これは逆もまた言える）、また、冷凍庫から出た火は、どこに着火したのかという延焼経路について、説明が必要となりました。この点の説明については、鈴木技術士による補充的な意見書の証拠提出を行いました。

前述のとおり、判決文では、最終的には主張立証責任について、消費者は冷凍庫から発火したということを立証すればよく、製品内部の具体的な発火原因まで主張立証する必要なし、という判断になっており、争点は、冷凍庫に欠陥があったか否か＝冷凍庫の内部から発火したのか否かに絞られた形になっています。

しかし、訴訟進行としては、火は冷凍庫の中からか外からかが争点になり、実質的には、鈴木意見書による内部発火可能性の指摘＝サーモスタット（温度調節器）発火、及びそこからの延焼＝がありえるのかが大きな争点になったといえると思います。

しかし、念のためにくりかえしますが、判決は、欠陥概念については、冷凍庫をその目的に従って通常使用していた際に、発火した場合には、そのこと自体が欠陥であると捉えています。この考え方が重要です。内部の具体的な発火原因の主張立証までは不要です。その可能性があることを説明できればいいのです。

冷凍庫内部発火が認められる根拠となった事実とその立証手段

判決は、冷凍庫からの発火＝欠陥について、間接事実の積み重ねで認定しています。約一〇〇頁の判決文のうち、裁判所の判断部分は約五七頁、冷凍庫の欠陥の有無の判断が約四〇頁（補論を入れれば約四二頁）ですから、判断部分の大半は、欠陥の有無に費やされています。

さて、欠陥認定を行っている部分は、「判決第六、当裁判所の判断」に述べられています（本書二〇七頁以下）。判決は、六つの間接事実から冷凍庫発火を認定しました。

間接事実というのは、欠陥があるとの評価を行う根拠となった事実のことです。その六つの間接事実を以下分析してみます。

①　本件冷凍庫それ自体の焼損状況（本書二〇七頁以下）

鋼鉄で覆われている冷凍庫自体が燃えていることを認定しています。外からの火では燃えにくいはずなのに燃えているという事実の指摘です。この事実は、消防署の実況見分調書、警察の実況見分調書の写真、被告が火災直後に警察署内で撮影した冷凍庫の写真から認定されています。

なお、被告が火災直後に冷凍庫を撮影していたことは、原告自身が交渉中に発見し、訴訟になって被告に提出を求めて提出されました。

本件冷凍庫に使用されているウレタン断熱材はおそろしく燃え易いのですが、①の事実のみでは、外部からの火でウレタン断熱材が燃焼した可能性も否定できないとされています。

②　本件板壁の焼損状況（本書二〇八頁以下）

冷凍庫が置かれた場所とその裏側にあたる板壁の焼損の位置が対応関係にあるということが指摘されています。この事実は、消防、警察の実況見分調書、被告が背後壁の写真を拡大した写真、冷凍庫置場の焼損状況を説明した図面等から認定しています。

判決では、この事実があっても、まだ人為的作用で外部から燃焼した可能性もあるとされています。

③ 本件冷凍庫のサーモスタットの可燃部の焼損状況（本書二〇八頁以下）

冷凍庫の背面に近い部品の焼損状況より背面から遠い部品、つまりサーモスタット（温度調節器）などの可燃物部分の焼損状況が激しいと認定しています。

この事実の認定は、板壁側から冷凍庫が燃えたのであれば、冷凍庫内部の部品のうち、板壁に近い部品の燃焼の方が激しいはずであるのに、その逆になっているということは、内部発火を裏付けるという形で原告に有利な間接事実となっています。

この事実は、原告が保管していた被災冷凍庫の部品、その部品と同型部品との対比をした写真等から認定されています。この考え方や証拠としての指摘は、鈴木技術士の発案です。同技術士の意見書や尋問の際に使用したスライド写真などで、何度も指摘していました。

④ 本件冷凍庫から発火すること及び本件板壁に着火する可能性（本書二〇九頁以下）

ここで判決は、本件冷凍庫からの発火可能性と背後壁への着火可能性を認めています。つまり、本件事件のハイライトというべき鈴木意見書の冷凍庫発火に関する推論が合理的だと認めています。

もっとも、鈴木意見書については、被告から多くの反論反証が提出されました。しかし、判決は、これらをことごとく否定しています。

なお、この部分の判決の分量は、判決文の頁で四九頁から七一頁、約二〇頁分、つまり欠陥の有無の認定に費やした頁数の半分は、内部発火可能性に関する技術士の意見書が、被告の反証に耐えられているか、ということの判断に使われています。

被告から提出された主な鑑定意見書等を列挙すると次のとおりです。

鑑定意見書（乙17の1、作成者＝塚本孝一元日本大学工学部教授・東京消防庁火災原因責任者経験者等、松浦正博元日本大学工学部教授等）。

鑑定意見書（乙18　作成者＝永瀬章・元自治省消防大学校教授等）

報告書Ⅰ（乙62　サーモスタット燃焼実験　作成者＝被告従業員）

報告書Ⅱ（乙63　サーモスタット発火実験　作成者＝被告従業員）

意見書（乙80　作成者＝松浦正博元教授）

報告書Ⅲ（乙81　ウレタン断熱材燃焼実験　作成者＝被告従業員）

報告書Ⅳ（乙82　板壁燃焼実験　作成者＝被告従業員）

陳述書（乙84　作成者＝被告従業員）

陳述書（乙86　作成者＝被告従業員）

鑑定意見書（乙93の1、2　焼き状況に基づく出火箇所の推定　作成者＝須川修身東京理科大学助教授）

意見書（乙116　作成者＝一倉伊作元東京消防庁消防科学研究所勤務等）

以上のような証拠に基づく被告の反論は、いろいろと細かい点にも及びます。しかし、判決では、全ての反証が、冷凍庫からの発火と認定することを覆すには足りないと評価されています。

被告の反証に対する、判決での主な指摘は次のとおりです。

(i) 判決では、被告の反証の枠組みを、①(鈴木意見書の指摘によれば、冷凍庫から発火した火は冷凍庫背後の板壁の上方に着火したはずであるが)実際の板壁への着火箇所はもっと下の床付近(判決では「A付近」と特定)であること、②そのような位置に冷凍庫からの火が着火延焼することはありえない(だから、結局、鈴木意見書の推論は誤っている)、と整理しています(かっこ内は執筆者の補足説明です)。

(ii) このうち①(着火箇所)に関しては、永瀬鑑定意見書について「本件板壁の焼損状況については、A付近で着火した火が燃え上がったという説明も可能であり、一般的な火災に関する知見に合致するというものにすぎず、A付近に着火したのでなければ、本件板壁の焼損状況について合理的な説明が不可能であるということまで論証しているものとはいえない」と指摘し、須川鑑定意見書について「本件板壁に、須川鑑定が模式化するような三角形の燃え方が残っているといえるか必ずしも明らかではない」、「須川鑑定の主張するような三角形の燃え方が残っていたとしても不合理ではない」、「本件冷凍庫の下方部分からの燃え上がりでなければ本件板壁の焼損状況を説明できないとまではいえない」、須川鑑定が本件建物の天井が燃え抜け屋根が消失していないと指摘していることに対し「本件冷凍庫置場の上方の天井は焼失しており、二階の便所にも火が及んでいることが認められるのであるから、立論の前提を欠くように思われる」等と指摘しています。

被告が提出した著名な学者等の鑑定意見書は、本件訴訟において、冷凍庫からの発火か否かを判断するにあたっては、全く利用価値がないものであったことが、判決で明示されました。製造物責任訴訟での鑑定意見書には、具体的な事実関係の把握と、当該事実のもとでの、合理的な説得力ある判断が求められています。あまりに一方当事者に偏った意見は、有害です。

(iii)　②（冷凍庫内部からの発火箇所）に関しては、同型サーモスタットの燃焼実験報告書について「本件冷凍庫と同型式の冷凍庫に用いられる部品を用いて被告が行う実験により、本件火災の原因が本件冷凍庫ではないことを立証するためには、右実験に使用される部品は、本件冷凍庫と同様の品質、形状であることが不可欠であり、再現実験で設定される諸条件も本件火災発生時の状況と同一のものであることが不可欠である。」しかし、被告実験は、正常なサーモスタット等を使用しているところ、「本件冷凍庫に使用された当該部品が正常の品質を有していたか否かは不明であるから」「右実験結果により、本件サーモスタットにトラッキングが生じることがあり、これにより発火することがあるという推認を覆すことはできない。」と指摘しています。

また、ウレタン断熱材が燃焼し得ないという実験結果報告についても、同様に再現実験の前提条件を欠くことを指摘して、冷凍庫発火という推認を覆すことはできないとしています。

その他、被告が指摘した冷凍庫内部の内箱の焼損状況の矛盾（原告の主張によれば、内箱はもっと焼損しているはずとの指摘）、冷凍庫の部品に電気的な痕跡が残っていないこと等の指摘をいずれも、冷凍庫発火の認定を妨げるものではない等と指摘しました。

ここでは、判決は、製造物責任訴訟において、メーカーによる再現実験が基本的に無意味であることを明快に指摘しています。

同型の製品による燃焼実験では発火しないとの主張立証がなされても、当該火災が、当該製品による発火によるという推認を覆すことはできないとしています。メーカーによる正常品を用いた発火実験は、もはや証拠としての価値はないといえるでしょう。

⑤　統計からの考察（本書二一六頁～二一七頁）

電気冷凍庫からの発火事例が毎年複数件あるという事実は、本件冷凍庫からの発火可能性を肯定する方向に働くとしています。

証拠として、東京消防庁が毎年発行している「火災の実態」の一九九四年から一九九七年版、通産省が編集した一九九六年度の事故情報収集制度報告書を提出し、毎年一〇件前後の冷凍庫ないし冷蔵庫からの発火事例があることを立証しました。なお、冷凍庫と冷蔵庫とは、発火の可能性の点では大きな差異はないことを、被告従業員の証言の際に確認しています。

⑥　その他の原因（本書二一七頁～二一九頁）

判決は、最後に他原因の可能性を否定しています。消防署の火災原因判定書が、たばこ、ガス器具、放火等の他原因を否定しており、これを根拠にしています。判決は、火災原因判定書について「火災の専門家である消防士が、本件火災直後に火災現場を見分し、現場の状況、目撃者等の証言、被害者の供述等の資料をもとに、火災原因を判定したものであるから、特段の事情のない限り、相当程度の証拠価値を認めてよいと考える。」としています。すなわち、判決は、冷凍庫からの発火を認定するに際して、消防署の判定書を重視したのです。

もっとも、本件火災原因判定書には、本件冷凍庫には使用されていなかった部品について、発火原因の可能性を検討している、という誤りがありますが、判決は、「本件火災の現場の状況に照らして、本件冷凍庫以外に発火の原因となるものを想定することができないという結論を示していること」を重視すべきと評価しています。

また、被告が、他原因として、原告による利得（火災保険金ないし被告からの損害賠償金を取得する）目的での放火と主張していたのに対して、保険契約の時期、原告の経済状態、製造物責任に関する損害賠償請求訴訟の困難性等を指摘して、利得目的の放火と考えることは経験則に反すると判断しました。また、永瀬証言が、本件火災の原因が人為的なものである可能性を指摘していたのを、憶測の域を出るものではない、と一蹴しています。

証明の程度

判決は、以上の間接事実を認定して、冷凍庫から発火したこと＝欠陥を認めました。

もっとも、判決は（本書二一九頁以下）、本件における冷凍庫発火の認定は、「製造者である被告にとって、一見厳しいもののように感じられるかもしれない。」としたうえで、自らの認定判断は間違っていないということを補足的に説明しています。

すなわち、「民事訴訟における立証は、経験則に照らして全証拠を総合考慮して行う歴史的証明であって、一点の疑義も許されない自然科学的証明ではない。そして、歴史的証明は、裁判官が要証事実について高度の蓋然性の認識を形成し、通常人が疑いを差し挟まない程度に真実性の確信を持ち得ることで足りるのである。」と指摘しています。

もっとも、原告代理人としては、実際のところ、一点の疑義もない説明を求められたという印象が残っています。結局、証明の程度というものには、非常に感覚的なところがあり、裁判所が疑いなしと判断できるレベルというのは、現段階では、相当高いレベルにあると思います。

欠陥の推認―事故時の欠陥と流通に置いた時点の欠陥

判決は、通常使用中に発火した以上、火災時に本件冷凍庫に欠陥があったと認め、さらに、通常使用中に事故が発生した場合には、特段の事情がない限り、被告が本件冷凍庫を流通に置いた時点において、欠陥が存在していたものと推認すべきであるとしました。

厳密な意味で、火災の原因となった欠陥原因事実が、製品が流通に置かれた時点に存在したことの立証は、ほぼ不可能だと思います。

欠陥商品による被害からの消費者保護等の観点からは、立証責任を適切に配分する必要があります。判決は、通常使用していた製品に異常事態が発生した場合には、特段の事情がない限り、流通に置かれた時点から欠陥があったものと判断し、流通時には欠陥がなかったと認定するためには、製造者から特段の事情の立証が必要であるとの枠組みを設定したことになります。このような推認は、大阪地裁のテレビ発火事件の判決等でも採用されています。

以上のとおり、本件判決では、消費者の立証負担を合理的に軽減した非常によい判断がなされたと読むことができます。しかし、そのような判決に至ったのは、冷凍庫から発火したことについて、ほとんど隙がないように説明することを求められ、なんとかその説明ができた結果であると思っています。

今後は、実際の立証においても、判決文の指摘した枠組みにしたがって、真の意味で立証負担が軽減されるような運用を目指したいと考えています。

ＰＬ裁判の支援・傍聴をつづけて

東京都地域婦人団体連盟副会長　水野英子

昭和62年より、ジョンソン株式会社の「カビキラー」を使用し、呼吸困難に陥った村山さんが原告となったＰＬ裁判を傍聴しました。一審は勝訴にもかかわらず、控訴され二審で敗訴、平成３年、最高裁でも敗訴に終わりました。北里大学の宮田医師は、原告は化学物質過敏症であり、カビキラーの欠陥により症状が悪化したと証言したのです。しかし当時は、日本より設備のあるアメリカまで行き、無菌の箱に入る人体実験をしないと過敏症とは認められないなど、被害者に不可能に近い立証が求められ、原告側は怒り嘆きました。

平成７年、三洋電機冷凍庫内部より出火し家屋全焼の被害を受けた北川夫妻を、田中里子前地婦連事務局長より紹介され、被害者が弱い立場に立たされがちなＰＬ裁判を、支援し傍聴し続けることになります。

平成９年、原告側鈴木鑑定人は、精密な模型を造り、冷凍庫の欠陥を立証し尽くしました。

同年９月、被告三洋電機側が「この事件は保険金目的の放火」などと苦しまぎれに発言するにいたり、原告側の怒りは頂点に達します。

しかし平成10年、加藤裁判長が「わざわざ放火してまでめんどうなＰＬ裁判をする人はいない」と言われ、また被告側の「冷凍庫の中側は、隙間がなく酸素がないので燃えない」との主張に裁判長は、「経年により隙間ができることはない、という証明ができるのか」などと質問をされ、原告側主張が認められたことが明らかになってきます。

同年12月、原告北川氏が「真実は一つです。一切過失責任はありません」と堂々と発言されました。後に郷里福島県郡山市に伺ったとき、多数の方々が北川氏の勇気ある究明を支えてこられたことを知ることができました。

判決延期後の再度証拠提出要求に対しては、中村・澤藤弁護士が「もうこれ以上の証拠は、被害者側には出せない」とＰＬ裁判の限界を主張され、弁護団の長年にわたってのご苦労が思われ、頭が下がりました。

平成11年８月、遂に原告勝訴となります。地味な消費者運動にもこのような喜びの日があることに感動し、涙があふれてきました。

Ⅳ

勝訴判決をもたらしたもの

弁護団　澤藤統一郎

1　勝訴は決して当然ではなかった

勝訴判決の意義

一九九九年八月三一日、東京地裁七二二号法廷で消費者の権利が一歩前進しました。三洋冷凍庫火災事件の勝訴は、原告となった北川さんご夫妻だけの勝利ではなく、全国の消費者の勝利です。製品事故に際しての消費者の権利が、大きく前進したのです。

民事訴訟の判決は、形のうえではその事件限りでの請求の可否の判断ですが、実は一つひとつの判決を通じて国民の権利の内容が確定していきます。消費者勝訴の判決の積み重ねが、消費者の権利を具体化し現実化していくのです。

だから、消費者にとっても企業にとっても、訴訟のあり方、判決の帰趨は人ごとではありません。

本件では、北川さんと、三洋電機とは、消費者と企業のそれぞれのグループの代表選手として、製品事故における消費者の権利の内容をめぐって争ったのです。そのように表現するにふさわしい内容をもつ事件で、消費者側が勝ってその権利を拡張しました。その結果、産業界全体に、より安全な製品を製造すべき意識を喚起し、また、事故が生じた際の対応において被害救済により誠意ある姿勢を取るべきことを教訓化したのです。

「勝たなければならない事件」と「現実に勝てる事件」とのギャップ

本件は勝訴すれば確実に消費者の権利を一歩進めるものでありました。一歩でも、半歩でも消費者の権利を拡大することは、対抗関係にある企業側の義務を拡大することです。必ずしも、容易なことではありません。

しかも、勝訴は必ずしも予測されたものではありませんでした。勝訴の希望はもっていましたが、とうてい確信にまではもち得ませんでした。現実に、ＰＬ訴訟の判決は敗訴が続いていたのです。

「判決は恐い」とつぶやかざるを得ない立場を何度も経験してきました。市民の常識と裁判所の常識との違いも見せつけられてきました。民事訴訟における、企業と消費者との訴訟追行の力量の差については、またこの訴訟でも印象深かったのです。

「勝つべき事件をきちんと勝ち、負けるべき事件をきっちりと負けるのが弁護士の仕事」と、先輩弁護士から教えられました。しかし私はこれまで「負けるべき事件」を受任した覚えはありません。消費者事件、とりわけＰＬ訴訟は「勝たなければならない」事件の典型だと考えざるを得ません。まだ、判例が十分に確定した分野ではなく、一つひとつの判決が直接に多くの消費者の権利に影響を及ぼすことになるからです。

しかし、消費者事件・ＰＬ訴訟は「勝たねばならない」にもかかわらず、必ずしも「現実に勝てる事件」ではありません。このギャップは大きく、担当の弁護士は悩まざるを得ないのです。

ＰＬ訴訟の困難

訴訟は当事者に言い分の違いがあって提起されます。事実の認識についても、法的な評価の理解についても、当事者間に大きな食い違いがあります。なかには、「商品購入の代金を払わない」、「貸した金を返してもらえない」、という類の単純な訴訟もありますが、消費者が企業を訴える事件では、事実認識や評価が一致するということはあり得ません。両者とも、「相手が間違っていて、こちらが正しい」「我が方に正義あり」と満々たる自信でぶつかり合うのです。

実はこの争いは、最初から消費者側がハンディを背負っていて、分が悪いのです。消費者側の正義の貫徹は困難といわざるを得ません。

そのハンディの最たるものが挙証責任の壁です。そして、知識や情報の格差であり、証拠の偏在であり、訴訟追行についての経済的能力の格差です。

過失を構成する事実と因果関係の存在については、原告側に立証責任が課せられます。裁判官が「どっちに軍配を上げて良いのか、わからない」という心理状態では、消費者側の敗訴ということなのです。

因果関係の有無にしても、過失の存否にしても、企業側にとっては、自家薬籠中のできごとです。製品の設計・構造・素材・製造方法・製造工程・性能・製品管理の実態・製品の危険性・過去の事故例・製品の劣化・他社製品との比較・業界の安全水準等々について、企業は知悉しており十分な情報と知識をもっています。

一方、消費者には何の知識も情報もありません。企業の提供する製品に全幅の信頼を置き、いわば製品の安全の信仰のうえに生活を送っているのです。しかも、あらゆる証拠が一方的に企業に偏在しています。消費者の手許には何もありません。このハンディを乗り越え、実質的な対等性を獲得して初めて勝負になります。勝利はその先なのです。

訴訟追行は専門家である弁護士に依頼しなければなりません。本人訴訟も可能ですが、本気で勝とうと思えば弁護士への依頼は不可欠でしょう。そのためには、額はともかく費用が掛かります。事実調査や鑑定依頼にも費用を掛けなければなりません。

企業の側は、費用負担能力に何の問題もありません。とりわけ、ＰＬ事件においては、一件の製品事故が実は同種の製品の欠陥の指摘やその企業全体の安全管理の落ち度につながる問題として、惜しみなく費用を注ぎ込みます。消費者側はそうはいきません。

余談ですが消費者側の弁護士には、費用の点で被害者の提訴躊躇があってはならないとの配慮が先行します。着手金も報酬もペイするほどの額にはならないのが現実です。複数弁護士で、弁護団を構成すれば、さらにそれを分配することになります。これで長期間、ハードな訴訟が担われているのです。長期的にみれば、決して正常な姿ではないと思います。現状では、消費者事件オンリーでは弁護士はとうてい食ってはいけません。

この世界、市場原理で動いていません。しかし、将来的には、消費者訴訟を担当弁護士にとってペイする制度にしていくことが不可欠です。そのためには、クラスアクションや懲罰的損害賠償の制度を創設すること、損害賠償事件での弁護士費用としての認容額を報酬規程の水準にまで増額すること、などが課題です。弁護士費用敗訴者負担制度の導入は最悪です。この種の訴訟の絶滅を危惧しなければなりません。

消費者側も、消費者弁護士を育てる姿勢が必要だと思います。弁護士を増やしさえすれば、弁護士間の競争が激化してペイしない消費者訴訟の業務を引き受ける弁護士も出てくるだろう、という発想は志ある弁護士を育てるものではなく、決して消費者の利益につながるものではありません。

「勝訴は必然」ではなかった

消費者事件の多くは厚い壁に阻まれて、「累々たる敗訴のヤマ」を築いてきました。それを乗り越えて、勝訴の展望を切り開いてきたのが、多くの消費者事件・ＰＬ訴訟の歴史と言って差し支えありません。

本件も、「累々たる敗訴のヤマ」の一隅に葬られる多大の危険を秘めていました。問題点は、以下のとおりです。

①因果関係立証の壁

本件の場合、因果関係とは、「冷凍庫の欠陥を原因として火災が生じ、建物を炎上させて損害を生じた」ということです。端的には、「火もとは冷凍庫の欠陥」ということで、この点は原告が立証しなければなりません。

この点についての被告の主張は、「冷凍庫からの出火と判断するには、冷凍庫のどこにどのような欠陥があって、どのようなメカニズムによって発火し、発火点からどのような延焼経路を経て、どの部位の建物に着火したか、までの立証が必要」というものでした。

原告側は反論しました。そんなことが消費者に分かるわけがない。

「発火の具体的な部位」「発火のメカニズム」「発火後の冷凍庫内延焼の経路」「建物への着火のメカニズムと延焼の経過」までの立証を要求されるとすれば、消費者に不可能を強いることとなり、この種ＰＬ訴訟における消費者の救済は絶望的なものとなります。それでは、現実に生じた損害の適正な負担配分という法的正義に反することとなります。

「発火の具体的な部位」は分からずともよい。「発火のメカニズム」を明らかにし得なくともよい。「発火後の冷凍庫内延焼の経路」「建物への着火のメカニズムと延焼の経過」とも、不明のままでもよい。要は、「この冷凍庫が（何らかの理由で、そのどこかから）発火して、火災を生じた」というだけが必要でその他の立証は不要、でなければなりません。

②立証責任の程度の壁

「本件冷凍庫から出火した」ことの証明が尽くされているかどうかは、裁判官の心証の問題ですが、これにも微妙な問題があります。厳密な自然科学的証明のレベルで完璧な立証を求められるとすれば、これまた消費者側に不可能を強いるもので、勝訴は絶望となります。

しかし、法廷は自然科学的真理探求の場ではありません。現実に生じた火災の被害について、原被告のどちらに負担させることが正義に適うかを判断する場なのです。立証に、自然科学的厳密性を要求すべき根拠はありません。

本件火災の現場には目撃者はありません。家電製品発火事故の暗数は、極めて多いと聞かされていますが、その大部分は通電中の事故で、悪臭発生や発煙の段階で異常に気付く人がいて大事故になりません。本件は、目撃証人となるべき人が現場近くにいなかったからこそ、家屋の全焼にまで至ったものです。至極当然に思えますが、「本件冷凍庫がまず火を噴いた」との証言は得られません。火災後の痕跡を根拠として、経験則をあてはめて出火の原因を判断しなければなりません。過度の厳密さを要求されれば、「立証が尽くされていない」として、敗訴の憂き目をみることとなります。

この点、判例は「訴訟上の因果関係の立証は、一点の疑義も許されない自然科学的な証明ではなく、……高度の蓋然性を証明することであり、その判定は通常人が疑いを差し挟まない程度に真実の確信を持ちうるものであることを必要とし、かつ、それで足りるものである」(「高度の蓋然性説」—東大ルンバールショック事件、一九八〇年一〇月二四日最高裁第二小法廷判決)という抽象的な基準を定めています。果たして、これをどう理解し、本件に適用してどう判断するか。また、仮にこの基準では不都合であるとした場合、製造物責任訴訟の特殊性を考慮して独自の基準を建てることが可能でしょうか。

この点の壁の突破も、決して容易ではありません。

③欠陥の存在立証の壁

本件は、製造物責任法施行前の事故ですから同法の適用はなく、民法の不法行為構成での請求です。しかし、裁判所が事実上製造物責任法適用と同様の姿勢で考察して、まず客観的な製品の欠陥の存在から不法行為の成立を説き起こす論法が通ずることは予測できました。その際、事故を起こした製品に欠陥が存在したことは消費者側が立証しなくてはなりません。

欠陥とは、通常の用法で使用していたにかかわらず事故が生じたことです。「冷凍庫としての通常の使い方をしていたのに、その冷凍庫から出火した」ということの証明となります。自動車など人の操作が加わるものと違って、冷凍庫が「通常使用」されていたことは比較的立証が容易です。

具体的には、冷凍庫の無理な使い方をしていないか、保守点検に不十分なところはなかったか、火災に他の原因が考えられないか、などが問題となります。

④過失立証の壁

前記のとおり、本件は民法の不法行為の構成での請求です。欠陥ある製品を作ったこと、これを流通に置いたことをそのまま過失と認めてもらう必要があります。それ以上に、どこに被告の具体的な注意義務違反があるか、事故に対する予見可能性があったか、結果回避可能性があったか、など過失論争に踏み込んでは消費者サイドに勝ち目はなくなります。

2　勝訴は偶然でもなかった

最重要証拠は実況見分調書と被害の実物

このようないくつかの壁を破っての勝訴判決でした。

確信にまでは至らぬまでも、勝訴が可能と私が考えたのは、提訴前に火災の現地を訪れ、地元警察署で火災直後の実況見分調書を見せてもらったときでした。問題の焼損した冷凍庫を移動したあとの火災現場の写真に、焼け落ちた壁面部分の形状、焼毀部分の変色の状況が、ものの見事に冷凍庫の設置位置と符合していました。冷凍庫から背後の板壁に着火したからこそ、冷凍庫の設置位置に符合して、板壁にこのような焼け跡が残されたものと考えられました。その反対に、板壁が最初に燃えて、そこから冷凍庫に着火したとするなら、冷凍庫の設置位置に符合する板壁の焼け跡が残されることはありえません。言わば、私はその現場写真の語りかけに説得されて、冷凍庫発火説を確信することとなりました。

火災直後に行われる警察の実況見分調書・消防の火災報告調書、そして被害者の手に残された焼損した冷凍庫の現物。これが最重要の証拠です。本件ではこれを手がかりに、優秀な協力技術士が説得力ある鑑定意見書を作成しました。これが、裁判所を説得する力をもったのです。

なお、警察の捜査報告書は、漏電やタバコ、放火などの他原因についても調査して、ありえないとの結論を記していました。結局最後まで、この日の確信が支えとなりました。

勝訴のファクター

以下、この判決の勝訴と敗訴を分けるファクターを考えてみましょう。
①事案そのものが、勝ち筋であったか。

必ずしもそうではありませんでした。火災現場の目撃証人のないことで、立証の全てを状況証拠・間接証拠に頼らざるを得ないところ、消防・警察ともに、出火原因の特定はなし得ていません。とりわけ、電気発火事故でありながら、「電気痕」「接地痕」が一切発見されていません。これが極めて不利と言わざるを得ないのです。

結局のところ、大局を見れば冷凍庫発火の疑いが濃く、他原因を考えることは困難。しかし、決定的な証拠、直接的な証拠はなく、間接事実を積み重ねていく以外にありません。ところが、細部では、いくつかの疑問点が提示され、「大局でみて立証責任は尽くされた」というのか、「細部を重視して立証責任が尽くされたとまでは言えない」というのか、微妙な判断となる事案と言えます。

②原告の真摯さは勝訴の心証形成に大きな要因となった。

とりわけ、放火・失火などの他原因を排斥する判断には大きな影響があったと思われます。

北川さんは童謡を作る人です。奥さんは、客のタバコの始末に落度などありえない勤勉な人。夫婦で法廷出席を欠かさない人でもありました。夫婦仲もよく、商売も堅実で順調でした。放火の動機はみじんもなく、失火もありえません。損得よりも、義憤から裁判を提起し維持している人であることが、裁判所の心証に影響がなかったはずはありません。勝因のひとつです。

③被告側の訴訟追行姿勢。

極めて熱心でした。鑑定意見書も何通も提出し、再現実験も山ほど提出してきました。経済的な訴訟追行能力の格差を覆うべきもない典型的な消費者訴訟となりました。

被告側代理人も熱意はあり、有能でもありました。しかし体調不良とかで開廷時刻に遅刻頻繁。裁判所の心証に影響なしとはいえません。

④原告訴訟代理人。熱意・能力ともに一応は合格点。消費者のために、消費者とともに訴訟の遂行をという意欲で取り組みました。とりわけ、谷合弁護士の情熱と活躍は特筆ものでした。

⑤協力技術者との連携。

被告側　肩書きの立派な「御用鑑定者」群への依頼。これは、経済的能力のしからしむところでしょう。しかし、結果的には全て斥けられました。

原告側　有能な技術士の援助に恵まれました。鈴木鑑定意見書なくして、本件の主張構成・挙証・被告への的確な反論はなく、勝訴判決はありえなかったと言えましょう。

専門訴訟の典型である医療過誤訴訟が協力医との連携なくして、患者側の訴訟維持がありえないように、科学訴訟であるＰＬ訴訟において、技術者との連携を欠いての訴訟は考えられない時代となっています。

本件はそのきっかけとなった幸運な事件でした。今後は、消費者の利益の観点から、弁護士と技術者の制度的な共働関係構築が必要となっています。

⑥裁判所。

判決文を見れば、やはり「裁判官に人を得た」との評価が可能です。しかし、消費者は裁判官を選べません。いかような裁判官にも、勝訴判決に踏み切らせる工夫をするしかありません。

⑦支援者。

消費者団体の傍聴支援・会報掲載などによる大きな支援を得ました。

傍聴は、ａ、裁判所を監視し、ｂ、訴訟関係者を励まし、ｃ、法廷内のできごとと社会を繋げる役割を果たす。と定式化されますが、その傍聴の効果は確実にありました。

⑧訴訟進行の工夫。

警察・消防資料の取り寄せ、早期の焼毀物検証の実施、被告側が撮影した写真の任意提出要求、法廷でのスライド映写・現場模型の作成による説明等々適切な工夫がなされ、裁判所へのビジュアルな心証形成に効果がありました。これも、鈴木技術士の具体的なアイデアと作業があってのことです。

⑨世論と同種事件の動向。

消費者問題・製造物責任問題に関する世論の追い風は、確実に吹いているといえます。そこに、司法改革問題についての風も吹き始めました。裁判所は、社会的弱者救済に役立っているのか、どうして消費者の利益を実現する判決が書けないのか、という批判の声も高まっています。これらの世論が、本件を担当した裁判官の背中をそっと押してくれたのだと思います。

ＰＬ法の立法運動において、欠陥や因果関係についての推定規定の創設を訴え続けてきました。この具体的事件において、その成果が現れたとも言えましょう。

また、本件は類似先行事件の教訓を、弁護団として吸収してきた成果の集大成でもあります。因果関係論、鑑定についての考え方、挙証責任についての考え方などは、多くの先例から学びました。いくつかの敗訴判決も本件では、教訓として生きたのです。

⑩訴訟戦略。

前述のとおり、原告側は、冷凍庫発火原の主張には、発火部位・発火機序・延焼経路の特定は必要ないとの立場を堅持しました。しかし、鈴木技術士の協力を得て、挙証責任を負うものでないことを明確にしつつ、蓋然性の問題として、発火部位の可能な限りの特定、幾通りかの発火メカニズムの解明、そして建物の焼損状況と符合する火源からの延焼経路の可能性についての主張をしました。

この鈴木鑑定意見は、裁判所に認容判決を書く自信をもたらしました。この鑑定意見なくしては裁判所の心証がなかったことは、判決書に表れています。ここが、本件の勝訴を決定した決定的要因だったと思われます。

この教訓を継承して

本件が、先例となる諸事件から多くを学んで勝訴できたように、本件の教訓を次の事件に継承しなければなりません。

個別の事件で、その事件の特徴に即した取り組みをするとともに、民事訴訟制度の改善や裁判官に人を得る人選や養成制度の改革、そして消費者や消費者弁護士が、経済的な負担の制約を感じることなく、消費者の権利擁護の訴訟遂行が可能となるように、制度改革にも力を尽くさなくてはならないと思います。

裁判支援・傍聴記 6

北川夫妻の勇気と努力に乾杯

地元支援者代表　郡山市　高橋ルリ子

介護ボランティアの帰りに味茶都の扉を開けると「お帰りなさい！　お疲れさま」と、疲れがスーッと消える安らぎの弾む声は、もう聞けません。

「ここまでの　味茶都営む　愛し日々　節目訪れ　名残　惜しみゆ」の閉店挨拶状を受け取った私は、あーやっぱりこの日が来てしまったかと、悔し涙を抑えることができませんでした。

味茶都をこよなく愛し、変わらぬ温もりをいただいたお客さんは、突然の閉店に驚き、私同様、三洋電機に対し新たな怒りが募りました。８年前私の近所にお店を開かれ、亡き主人と食事に訪れ、いわき市で火災に遭われた事情をお聞きしました。冷凍庫から出火した状況、製造元の三洋電機の交渉内容を聞くにつけ、私はこんな酷い会社が有るのかと自分のことのように憤りが沸いてきました。

やがて裁判になり、私もご夫妻の熱意に賛同し、３回ご一緒に上京、傍聴しました。この傍聴はただ単に席を埋めるもので無いことが、ご夫妻の「真実は絶対に勝つ」の法廷姿勢から感じ、また、多くの支援者に励まされ、支えられ企業相手に勇気を持って立ち向かっている姿に頭が下がる思いでした。

お店の様子は、それぞれが、ご夫妻とアットホームな雰囲気のなかで、美味しいコーヒーをいただき、また食事はそれぞれの好みに合わせた味付け、喜怒哀楽を豊かな心で包み込み悩みも消え、笑顔いっぱいで帰ることができる素晴らしいお店でした。このお客さんへの愛情が裁判姿勢にも見られ、人を得て頑張れたと思います。

平成11年8月31日、ご夫妻の信念が認められた歴史に残る勝訴判決、私も皆さんも自分のことの様に歓喜しました。そして、11月6日の地元支援者を招かれての報告会、この裁判に携わった五人の先生からご夫妻が如何に勇気を持って真実の証明を勝ち取ったか、これは今後の礎になる素晴らしい行動であったと言われ私たちも心から感動しました。判決から１年、お疲れさまでしたのねぎらいと、私たちにこれほど豊かな年月を与えて下さったご夫妻を、「感謝の心で送る宴」を有志で開き、新たな人生の歩みにエールを贈りました。そして現在のご活動にも地元支援者として心から応援しています。

V

ＰＬの現状と今後の課題

弁護団　中村雅人

1　改善すべき司法制度

弁護士へのアクセス

人口三六万人の福島県いわき市には一二名の弁護士がいますが、高齢者もおり実働は一〇名です。周辺市町村も合わせると約五万人に一人しか弁護士がいないのです。どの弁護士も超多忙です。北川さんも、市役所の法律相談に行ったり、知り合いの紹介で何人かの弁護士に相談しました。

返ってくる回答は、「メーカーの責任を追及するのはむずかしいですね」、「どうしてもやるのなら、五〇〇万円用意して下さい」（これは表面上「この事件を担当することの労力・時間、他の事件の抑制を考えると五〇〇万円位もらわないと割が合わない」と言っているように受け取れますが、では五〇〇万円持って行ったら受任してくれるかというとそうではなく「私の力量ではとても無理です」という、形を変えた拒否回答と考えた方が正解でしょう）というものでした。

どこへいったら専門家に出会えるか

北川さんは新聞等を便りに、この問題を理解してくれそうな弁護士に手紙を書きました。しかし、事故現場は福島県いわき市郊外。情報のある消防署、警察署もいわき市。遠方の弁護士が尻込みするのは当然でしょう。

北川さんは、わらをも掴む思いで読売新聞の記事に出ていた、田中里子さん（東京地婦連）に連絡をとりました。田中さんは、当時ＰＬ法導入の可否を審議していた国民生活審議会の委員でした。多忙の中、北川さんの話を聞く時間をとってくれました。

田中さんは話を聞くうちに、専門家の弁護士でないと対応できない事案であることに気づき「この問題は専門の弁護士でないと対応できないわよ。私たちが消費者運動や勉強会でお付合のある中村雅人弁護士にお話ししてみたらどうかしら」とアドバイスしました。

北川さんが、紹介され中村雅人弁護士らPL弁護団の人たちと会うことができたのは一九九四年六月二八日でした。

その後の経過は先に書かれているとおりです。

さて、ここでこのようにして北川さんが、専門の弁護士にたどりつけたのはどうしてでしょうか。

第一は、北川さんがわらをも掴む思いで多数の人に連絡をとったこと、この執念があったこと、数十通に及ぶ手紙でやっと一つヒットしたということです。第二に、連絡先の消費者団体がPLの専門家と交流があったこと、がポイントだったと思います。著書がある弁護士、マスコミに取り上げられた弁護士、という程度の情報は比較的入手可能でしょう。しかし、その弁護士に委任するだけの信頼関係を得るための情報は容易に手に入らないものです。田中さんは、長年消費者運動を共に戦ってきた弁護士の人柄ややりかた（お金の取り方も）を知っていればこそ、他人に紹介できたのです。ちなみに、PL弁護団に依頼される事件の多くは、こうした消費者団体等からの紹介です。

（注）PL弁護団とは

薬害スモン訴訟やカビキラー訴訟の被害者原告代理人弁護士の一人中村雅人が中心になって一九九一（平成

三）年に設立した約二〇名の弁護団。技術士らの専門家と密接に連携している実践集団。自転車ハンドル欠陥事件、毛染剤事件、ワープロ火災事件、白あり駆除剤事件、欠陥車事件その他多数のＰＬ事件を被害者救済の立場で手がける。

広告解禁になったけれど

二〇〇〇年一〇月一日から弁護士業務広告が解禁になりました。

どの弁護士も自由に広告ができるようになりました。取り扱い業務（交通事故、離婚、相続、債務整理、ＰＬなど）も宣伝できます。

今までよりも市民から自分の問題をやってくれそうな弁護士にアクセスすることは容易になったはずです。

しかし、現状は、多くの多忙な弁護士たちは、「知り合いからの事件だけで手一杯だ」、「一見（いちげん）の客はどうも……」といって広告をそもそもしていません。したがって、弁護士の広告を見かけることもまだ希です。

広告を見ても、「交通事故」、「離婚」、「相続」、「債務整理」、「ＰＬ」と書いてあるだけでは選別に苦慮するでしょう。事件や問題を抱えた人は、「あなたは今までにどんな事件を担当したの？」「私の悩みにピッタリの事件の経験はあるのかしら？」「いくらでやってくれるの？」などと弁護士に聞きたいものです。電話帳広告、新聞（折り込み）広告程度の情報では不足です。

ホームページでそのあたりを調べられたらアクセスしやすいかもしれません。まだまだこれからだと思います。

法曹人口の増加がとりざたされている

「司法改革」が熱く議論されています。

法曹界のことは法曹界（裁判所、法務省、弁護士会）で決めてきた過去の歴史は塗り替えられ、昨今は法曹界以外の人も議論に参加し、急に話しが進んできた感があります。内閣が司法制度改革審議会を設置し、二〇〇一年七月までに答申を出すことにしたことが大きなインパクトになっています。

「法曹人口を増やせ」との声は、経済界、アメリカ合衆国、消費者、法律家からもあがっており、国民的いや世界的合意ができているように見えます。

しかし、増えてほしいと考えている中身が人によってそれぞれ違うようです。

経済界は、企業法務や知的財産権を扱う経済界に都合のいい弁護士が増えてほしいと考えているはずです。アメリカはアメリカとの交易に都合のいい弁護士が増えてほしいと考えているはずです。消費者は、消費者の味方をしてくれる弁護士が増えてほしいと考えています。過疎地の住民は、地元に来てくれる弁護士が増えてほしいと考えています。まさに同床異夢といえます。

司法制度改革審議会の審議は、二〇〇〇年一一月に中間報告が発表され、二〇〇一年六月一二日には最終答申が出されました。

法曹人口増加の必要性は急務であり、年間三〇〇〇人程度という数値も表明しました。

しかし、そのうち裁判官、検察官、弁護士は何人ずつを想定しているのか、どのような弁護士が何人増えるかの分析予測まではしていないし、それに関する方向性をどうやってつけて行くかについても勿論言及していません。そこを検討しないで法曹人口だけ増加したらどういう事態になるかも考えておくべきです。

ＰＬ訴訟の被害者原告側など消費者の権利を守る立場での訴訟にかかわることが多い弁護士に言わせると、被告にするのは企業です。消費者側を代理人する弁護士は一握りしかいないのに対し、企業側代理人は入れ代わり立ち代わり大勢の弁護士が登場します。企業が弁護士に支払う費用は、消費者が支払うそれの比ではありません。

現状では、消費者、労働者、住民等、市民サイドに立つ弁護士の不足は否めず、法曹人口増加はこの面で特に必要性が大きいといえるのです。

しかし、現状の司法をとりまく諸制度の中には、その実現を阻害する要因となっているものがあり、これらの制度改革も併せて行わないと、法曹人口は増加したけれど、市民派弁護士はあまり増えなかった、ということになりかねません。

どういうことかと言いますと、たとえば、ＮＰＯが弁護士を雇えるだけの経済基盤をもてるよう、ＮＰＯへの寄付に税制上の優遇措置をもうけるなどして、アメリカのように市民団体にお金が集まりやすくすることが先決となります。

また、市民が、社会のためになる問題提起をしやすくするため、提訴費用や弁護士着手金を低額にし、経済力がなくても費用を貸し出してくれる法律扶助を飛躍的に拡充すること(イギリスは年間約一五〇〇億円の予算を組んでいますが、日本はやっと二〇億円になろうとしているところです)、提訴したら勝訴しやすいように、証拠開示を徹底させ、証明の程度を(高度の蓋然性を要求するのではなく)欧米並みの証拠の優越(五一％)でよしとし、陪審・参審を民事訴訟にも導入すること、身銭を切ってきた人には、勝訴したら持出しのないようにすることは勿論、社会的に有益な活動を促すような賠償額を認めること、たとえば、情報公開訴訟で原告が勝訴したら、行政の監視に役立ったのですから原告の弁護士費用は行政の負担とすること、ＰＬ訴訟で消費者が勝訴したら、世の中の製品の安全性向上に役立ったのですから実損以上の賠償を認めること、などです。

これから世に出る若い法律家が、これらの問題意識をもち、市民サイドで活動できるようにするための法曹養成制度ももちろん必要です。圧倒的な力の差は、戦いとしてフェアでないばかりでなく、ときとして正義を見誤らせます。それは時の経過により致命的な病巣となってあらわれることがあるのです。

企業としても対等・フェアに戦ってくれる相手方弁護士がいたほうが、社会の中でバランスのいい正義にかなった解決がはかれ、利益になるはずです。

適正なかたちでのバランスのいい法曹人口の増加はみんなの課題なのです。

世界一高い日本の提訴費用

ここでいう提訴費用は、裁判所を利用するために裁判所に支払う手数料を指します。民事訴訟費用等に関する法律は次のように規定しています。

訴訟の目的の価額が三〇万円までの部分↓五万円までごとに五〇〇円
三〇万円を超え一〇〇万円までの部分↓五万円までごとに四〇〇円
一〇〇万円を超え三〇〇万円までの部分↓一〇万円までごとに七〇〇円
三〇〇万円を超え一〇〇〇万円までの部分↓二〇万円までごとに一〇〇〇円

一〇〇〇万円を超え一億円までの部分→二五万円までごとに一〇〇〇円
一億円を超え一〇億円までの部分→一〇〇万円までごとに三〇〇〇円
一〇億円を超える部分→五〇〇万円までごとに一万円
（＊控訴の場合は、右の一・五倍になります）

例えば、一〇〇万円の損害賠償請求訴訟を提起する訴状には、八六〇〇円の手数料を収入印紙を貼って納付しなければなりません。

一〇〇〇万円なら五万七六〇〇円、一億円なら四一万七六〇〇円、一〇億円なら三一一万七六〇〇円の手数料を払わなければ原則として提訴できないのです。

テレビから出火して家を全焼したところ、先祖から承継した骨董品や名画も被害を受けて、損害額が二〇億円になった事件がありましたが、この訴状には、五一一万七六〇〇円もの収入印紙を買ってきて貼付しなければなりませんでした。

焼け出された被害者がこんな多額の出費をしなければ裁判もできないというのはやはり問題です。日米構造協議の中でもしばしば指摘されている問題点です。

ちなみにアメリカでは、何億ドルの請求をしようとも、提訴手数料はせいぜい一〇〇ドル止まりが一般的です。提訴には費用は不要という国もあります。とにかく日本ほど多額の提訴手数料を要求する国は聞いたことがありません。日本という国は「裁判なんかやたら起こすんじゃない。よほどのことでないかぎり裁判所に持ちこむな」という発想で制度ができあがっているのです（わずか約二〇〇〇人の裁判官で何十年も日本全国をまかなっているのもこの発想の現れです）。

弁護士報酬制度

もう一つ問題なのは、弁護士費用です。実際に訴訟を提起するには、法律の専門家である弁護士の力を借りないと難しいと思います。ということは、先程述べた提訴手数料のほかに弁護士に支払う手数料もかかるということです。

弁護士報酬会規によると訴訟事件の報酬等は次の通りです。

（経済的利益の額）	（着手金）	（報酬金）
三〇〇万円以下の部分	八％	六％
三〇〇万円を超え三〇〇〇万円以下の部分	五％	一〇％
三〇〇〇万円を超え三億円以下の部分	三％	六％

つまり、一〇〇〇万円の損害賠償請求訴訟を弁護士に依頼するには、原則として先ず五九万円の着手金を払うことになります。報酬は実際に勝訴したときでいいのですが、一〇〇〇万円勝ち取ったら一一八万円を依頼した弁護士に支払うことになります。

ちなみにアメリカでは、提訴時無料、勝訴時に得た利益の二ないし三割の成功報酬制度が認められています。日本ではこの成功報酬制度は認められておりません。

敗訴者負担の可否

訴訟費用の敗訴者負担原則を導入することが、議論されています。

しかし、敗訴したら相手方の弁護士費用まで負担させられたのでは、PL訴訟や行政訴訟など原告にとって難しい訴訟を提起するのを躊躇させます。

また、メーカーに執拗に要求してくる消費者に対し、メーカーの方から「債務不存在確認訴訟」を提起してクレーム封じに出てくることも考えられます。北川さんのケースはまさにこのやりかたをやられています。この場合でも、欠陥があることの立証は消費者側でやらなければならず、これはなかなか困難なことです。したがって、裁判をやった結果、消費者が証明不十分で敗訴し、メーカー側の弁護士費用を払わされる可能性が十分あるのです。訴訟費用の敗訴者負担原則を導入すると、メーカーはますます安易に「債務不存在確認訴訟」を提起してくるようになるでしょう。これでは消費者に泣き寝入りを強いる結果になります。訴訟費用の敗訴者負担原則を安易に導入すべきではありません。

賠償金額

日本の裁判では、せっかく勝訴したのに、消費者の損害や負担した費用は一〇〇パーセントは返ってこなかった、時間をかけて勝訴しても結局帳尻が合わない、ということがよく言われます。

それは、裁判所が事故と相当因果関係のある証明された実費補填を原則としてきたからです。北川さんの裁判でも、判決が被告に支払いを命じた金額は、訴訟の度に福島県から原告二人が東京の裁判所まで出てきた交通費、その間休業した損害、親戚に事故品を保管してもらった謝礼、その他諸々の、この事件さえなかったら必要のなかった出費の合計には到底及ばないものでした。

またアメリカの例を引きますが、アメリカでは、身銭を切って提訴してきた人には、勝訴したら持出しのないようにすることは勿論、社会的に有益な活動を促すような賠償額を認めること、たとえば、情報公開訴訟で原告が勝訴したら、行政の監視に役立ったのですから原告の弁護士費用は行政の負担とすること、PL訴訟で消費者が勝訴したら、世の中の製品の安全性向上に役立ったのですから実損以上の賠償を認めることが行われています。大変な事故になるのが分かっていながらひどい欠陥製品を世に出したけしからんメーカーには、実損の二倍、三倍の金額の賠償を命じて安全性を高める意識を持たせようとするため「懲罰賠償」と言う言い方で紹介されていますが、その根底には、右に述べたような合理的な発想があるのです。

つまり、裁判を通して社会をよくして行こうとするのです。

証拠開示

今の日本の裁判制度が利用しにくいとか国民から遠いと言われている理由の一つに、裁判を起こしても勝つべき裁判に勝てない、行政や大企業等力の強いものに有利になっている、ということが言われます。

それはなぜか。

訴訟は詰まるところ情報合戦です。相手に責任があると言って損害賠償を請求するには、責任原因を原告側で証明しなければなりません。しかし、証明できる証拠（情報）はほとんど敵（行政や大企業）の手の内にあり、これを敵の手から引っ剥がしてこなければなりません。

その方法・手段はあるでしょうか。ないわけではありませんが非常に不十分で、ほとんど役に立たないと言っていいでしょう。

アメリカでは、ＰＬ訴訟で消費者が勝訴している事件が多数報道されていますが、それはまさに消費者が情報合戦に勝てる仕組みがあるからです。アメリカでは、提訴手数料が安いので、先ず簡単に訴状を出します。提訴後は、ディスカバリという制度によって、裁判所を通さなくても訴訟の相手方に質問や資料要求ができます。また、関係者を尋問することもできます。例えば、「この製品の設計図、回路図をよこせ」「発売前の実験データをよこせ」と言ってメーカー手持ちの証拠書類を取り出すことができます。「この製品の開発を担当した人の住所・氏名を教えて下さい」と質問して、その回答で判明した人に直接尋問し証言調書を残すこともすぐできます。この場合、尋問する場所は裁判所の法廷でなくていいのです。通常は法律事務所の会議室等に速記人（コートリポーター）と証人を呼び、宣誓の上双方代理人が尋問するのです。

質問や証拠書類を要求された相手方は、あるのに「ない」と答えたり、提出を拒否すると「法廷侮辱罪」で処罰されますし、判決（評決）で懲罰的賠償として多額の支払いを命じられるかもしれません。

したがって、比較的まじめに回答されているようです。一方、日本では、ディスカバリという制度はありません。一九九八年から施行された新民事訴訟法で「当事者照会」という制度が導入され、提訴後は相手方に質問することができるようになりました。しかし、回答を拒否しても罰則がなく、あまり機能していません。文書提出命令の規定も拡充されましたが、制限も多くアメリカのディスカバリには程遠い状況です。

外国の弁護士は「ディスカバリ制度もないところで一体日本の弁護士はどうやってＰＬ訴訟をやっているのですか」と真面目な顔で質問してきます。彼らは「ディスカバリ制度なしにはＰＬ訴訟は考えられない」と言います。

消費者が勝つべき裁判に勝てない理由がお分かり頂けたことと思います。こんな状況を放置しておいてはいけません。早急に改革すべき問題点です（この点を放置しておいて訴訟費用の敗訴者負担を導入するなど、正気の沙汰とも思えません。もってのほかです）。

最近、特許訴訟を外国の裁判所で提訴する日本企業が増えてきたと言われています（日本経済新聞社刊『司法経済は問う』一〇頁）。「日本の裁判所で裁判をやったのではディスカバリ制度もないし、時間はかかる。これでは一刻を争う特許侵害事件には役に立たない。それよりもディスカバリ制度があり短時間で判決になる外国の裁判所で提訴したほうが有利だ」というのが理由です。ＰＬ訴訟も同じ道をたどる可能性が十分あります。

日本の司法を早急に改革しないと、やがて誰も日本の裁判所を利用しなくなり、国民はおろか世界中から見放されてしまいます。

提訴する前にどこまで証拠を集められるか

さて、現状での、もう少し実践的な話しをしましょう。

今もし、あなたの留守中に自宅が火事になったとしましょう。タバコも吸わないし、火をつけっぱなしにしてもいない。心当たりがない。そこで消防士に聞いてみたところ、「台所の冷蔵庫のあたりが一番よく燃えている」という。冷蔵庫から出火したという話しは聞いたことがある。冷蔵庫の欠陥によるものならメーカーに損害賠償をしてもらおう。

そこでいきなりメーカーに連絡して「おたくの冷蔵庫から火が出て火事になった。どうしてくれる」と言ってしまうと、混乱の道を選んでしまうことになる。メーカーは「早速調査してみます」と言って問題の冷蔵庫を持ち去り、解体したり部品をはずしたりして散々いじくりまわしたあげく、「欠陥は見当りませんでした。火事の原因はわが社の冷蔵庫ではありません」と回答してくるのがお決まりです。

後に弁護士や技術士に相談して「すぐ燃えた冷蔵庫をメーカーから取戻しなさい」と言われ、戻してもらって調査に入ってもらったが「肝心な部品がみあたらない」「重要なところがいじられていて、事故当時の状況が再現できない」ということになるのです。PL弁護団が手がけた事件にも、このような例は多く見られます。こういう事件は解決が困難になり、損害賠償訴訟も長引きます。逆に、事故直後に相談があって、弁護士・技術士チームが焼け跡に急行し、証拠固めができたため、メーカーもあっさり責任を認めたケースもあります。

ここで大切なのは、火災現場や疑わしい製品は、できるだけそのまま被害者の手元にとどめておくことです。そして、手を加えないそのままの状態で弁護士や技術士等の専門家に見てもらうことです。これが証拠集めの第一のポイントです。

第二のポイントは、消防、警察が持っている証拠を入手することです。

火災の直後、消防と警察は現場にロープを張り巡らし、他を排除して独占的に証拠集めをします。その結果は、実況見分調書や火災原因判定書等として残されています。自分の家だ、被害者だ、と言ってみても簡単にはコピーをくれない。では、どうやったら入手できるか。

消防署も警察署も地方自治体の機関です。最近ではほとんどの自治体に「情報公開条例」や「個人情報保護条例」があります。これらの条例には、情報請求の手続きが規定されています。この制度を利用して実況見分調書や火災原因判定書等のコピーを入手するのです。これを見れば事件の大方の予測はできます。

提訴後はどうか

提訴後は、当事者照会の手続きでメーカーに質問できます。例えば、「この製品の設計図、回路図を見せて下さい」「発売前の実験データにはどんなものがありますか」と言ってメーカー手持ちの証拠書類を聞き出すことができます。「この製品の開発を担当した人の住所・氏名を教えて下さい」と質問して、証人申請の準備をすることができます。また、証拠となりそうな文書を所持する者に対し、文書送付嘱託や文書提出命令の申立をすることができます。

裁判官の人数

「裁判官が非常識な判断をしている」、との批判もよく聞きます。裁判官個人の資質による部分もあるかもしれませんが、今の裁判官システムそのものに大きな問題がありそうです。

一億二〇〇〇万人の日本の人口の中で、裁判官は約二〇〇〇人しかいません。裁判官になった人が全員裁判を担当しているわけではありません。研修で海外や諸団体に出向している人、法務省や他の官庁に出向している人、病気で休んでいる人、裁判所にいても事務局の仕事をしている人も各裁判所にいます。

この人数でよく日本全国をまかなっているものだと思います。一人の裁判官が三〇〇件もの事件を担当しているのでは、じっくり考えている時間もないでしょう。裁判官の人数は少な過ぎます。異常事態です。

裁判官の給源・教育

日本の裁判官は、司法試験に合格して一年半（平成一一年までは二年）司法研修所で研修を受けた後、「判事補」として裁判官としての生活をスタートします。最高裁判所が採用するのは在学中に合格したような若い人ばかりです。初めは保全事件や合議事件の陪席しかやらせてもらえません。判事補を五年やると、「特例判事補」として初めて一人で裁判を担当することができます。これを五年やって都合一〇年を経てやっと「補」がとれて「判事」になります。

このほか、弁護士から裁判官になる「弁護士任官制度」もありますが、スタートして一〇年のこの制度は毎年一ないし四名程度の補給にしかなっていません。検事と判事の入替え（「判検事交流」といわれています）もありますが、人数に変化はありません。

欧米やアジアの国では、弁護士を一〇年経験した者から裁判官を任命するのが通常です。言い替えると弁護士として一〇年、市民と接して社会経験を積んだ人からしか裁判官になれない制度になっているのです。

日本もそうすべきです。

リコール

「あんな非常識な裁判官をやめさせたい」という声もたまに聞きます。

しかし、裁判官は憲法によって「裁判官は、裁判により、心身の故障のために職務を執ることができないと決定された場合を除いては、公の弾劾によらなければ罷免されない。裁判官の懲戒処分は行政機関がこれを行うことはできない」（七八条）と規定され、身分が保障されています。

「公の弾劾」は国会議員で組織する「弾劾裁判所」が担当します（憲法六四条）。しかし罷免できるのは、「一職務上の義務に著しく違反し、又は職務を甚だしく怠ったとき。二　その他職務の内外を問わず、裁判官としての威信を著しく失うべき非行があったとき」に限定されています（裁判官弾劾法二条）。

裁判官の身分保障も大切ですが、非常識な判決を重ねるような裁判官をはずせないというのも国民にとって幸せなことではありません。裁判官にもっと緊張感をもってもらう制度があってもいいのかもしれません。

そもそも、はじめに市民が参加して裁判官を選ぶような制度も欲しいところです。

裁判への市民参加

裁判を職業裁判官に独占させずに、陪審制や参審制を採用して、市民が裁判に関与するのも、「非常識な裁判」をやらせない一つの方法です。欧米では採用されている制度です。民主主義・国民主権を司法の場でも実現するのが陪審制や参審制なのです。こういう制度改革も是非とも必要です。

先に述べた司法制度改革審議会の最終答申では、「裁判員」として市民が裁判に加わる新しい制度を提案しています。

2　消費者へのメッセージ

事故にあったら

先に述べたとおり、第一に自分だけの判断で行動せず、弁護士や専門家にできるだけ早く相談することです。弁護士費用が心配かもしれませんね。相談だけなら「三〇分につき五〇〇〇円以上」というのが基準です。「以上」とあっても五〇〇〇円かせいぜい一万円が相場です。まずは相談を。

第二に、メーカーや販売店に証拠物を渡さないことです。

第三に、「情報公開条例」や「個人情報保護条例」を利用して実況見分調書や火災原因判定書等のコピーを入手するのです。これは、弁護士に相談してアドバイスを受けてからでも可能です。

警察・消防、メーカーとのかかわり方

警察・消防と一概に言ってもレベルはいろいろです。製品の欠陥を見事に究明してくれればいいのですが、メーカーの責任など意識にないような調書しか作成していない例も多く見られます。被害者になったときは、警察・消防に質問をし、意見を言い、警察、消防の意識をメーカーの責任の有無に持っていってもらい、欠陥の所在をできるだけ明確にして記録を残してもらうことです。

メーカーとの付合は、弁護士と相談してからにして下さい。初めはやさしそうな態度で接してくるかもしれませんが、営利企業はできれば余計な金は払いたくないものです。所詮は敵だと考えた方が間違いないでしょう。

保険請求

火事になったのであれば火災保険、死者や重傷者が出たのなら生命保険が下りることがあるでしょう。早期の被害回復には、訴訟よりも保険、ということでしょう。しかし、メーカーは欠陥製品を市場に出したことにより損害賠償責任を負う場合に備えて「ＰＬ保険」に加入していることが多いのです。

たとえ火災保険で一旦支払ったとしても、火災原因が製品の欠陥にあることが判明すれば、火災保険会社はそ

の欠陥製品のメーカーに保険金として支払った分を求償するでしょう。その場合に結局、メーカーが掛けている「ＰＬ保険」から支払われることになるのです。だったら最初にＰＬ保険に請求すればいい、と考えるのが当然です。しかし、ことはそう簡単ではありません。ＰＬ保険の会社がすぐ保険金を支払うには相当な証拠がそろっていなければなりません。金額が大きくなればなるほどＰＬ保険会社は支払いに慎重になります。ここでも裁判所を説得するくらいの証拠が要求されるのです。

「消費者の権利」確立の功労者

主婦連合会副会長　清水鳩子

『消費者の権利確立を目指して——ＰＬ法制定運動の記録——』が手元にあります。これは、消費者のための製造物責任法の制定を求める全国連絡会が1997年４月に発行した運動の記録集です。

“写真で見る私たちの活動”記録のページに、1995年７月１～２日、全国婦人会館（渋谷）で開催した「欠陥商品110番」の写真が二枚掲載してあります。一枚は、冷凍庫火災裁判の原告・北川夫妻が110番に激励にこられたときのもので、中央に北川夫妻、２人を囲んで中村雅人弁護士と田中里子さんが並んでいます。

私が北川さんに直接お目にかかったのはこのときだったと記憶しています。

北川さん宅が三洋電機の冷凍庫からの出火で被害にあわれたのが1991年７月。消費者団体が大同団結してＰＬ法の制定を求めて全国連絡会を結成、シンポジウムを開いたのが1991年５月でした。

奇しくも三洋電機冷凍庫ＰＬ訴訟は、いつも運動と密接な関係を保ちながら歩んできたのです。北川さんが「欠陥商品110番」が単にデータを取るための相談会では被害者は救われない、と指摘されたことをなぜかよく覚えています。

1992年から毎年ＰＬ法が制定されるまで開催してきた「欠陥商品110番」は、ＰＬ法制定に大きな役割を果たしたと同時に、相談を寄せた消費者の声を法律に生かすために私たちはさまざまな工夫と努力を重ねました。北川さんの厳しいアドバイスは制定運動に十分反映されたと言えます。

ＰＬ法記録集と、北川夫妻の血の出るような努力の結果大きな成果を勝ちとった三洋冷凍庫裁判記録とを、１人でも多くの人々に読んでもらいたいと思います。

泣き寝入りはやめよう、１人は万人のために、万人は１人のためにを合言葉に消費者の権利確立を目標に進んでまいりましょう。

資料編

資料① 冷凍庫火災事件 訴訟進行年表
資料② 三洋電機冷凍庫発火事故製造物責任訴訟・東京地裁判決

資料① 冷凍庫火災事件 訴訟進行年表

一九八六年	一二月	冷凍庫購入・使用開始
一九九一年	七月一日	火災発生
一九九四年	一二月一四日	東京地方裁判所に提訴
一九九五年	二月二八日	第一回期日 原告訴状、送付嘱託申立（警察・消防）、釈明処分申立（同型冷凍庫の提出等） 被告答弁書、送付嘱託（福島県科捜研）
	四月一一日	第二回 一九九五年四月一一日付け準備書面（1） 被告答弁書中の求釈明に対する回答＝請求原因特定論等
	五月三〇日	第三回 被告 一九九五年五月三〇日付け準備書面（1）、検証申立（本件冷凍庫）
	九月六日	第四回 検証（福島県いわき市） 原告 一九九五年八月一八日付け準備書面（2） 求釈明＝冷凍庫型番、構造、断熱材等の材質・燃性等 被告 一九九五年九月一日付け準備書面（2） 右記求釈明に対する回答
	一一月二八日	第五回 検証調書の作成作業進行状況確認

一九九六年	二月二七日	第六回 原告　一九九五年一二月一五日付け準備書面（3）（求釈明2） 使用接着剤等の成分・材質、燃性等 被告　一九九六年二月二七日付け準備書面（3）（求釈明2に対する回答）
	五月二一日	第七回　甲11（鈴木意見書）提出
	九月一〇日	第八回 原告　一九九六年八月八日付け準備書面（4）（被告鑑定意見書への反論） 被告　一九九六年九月一〇日付け準備書面（4）（原告鑑定意見書への反論）
	一一月一二日	第九回 被告　一九九六年一一月一二日付け準備書面（5）（原告準備書面（4）への反論） 一九九六年一一月一二日付け調査嘱託申立（県科捜研）
一九九七年	二月二五日	第一〇回　原告本人尋問
	六月三日	第一一回　鈴木将成証人尋問　スライド使用
	七月一日	第一二回 被告　一九九七年七月一日付け準備書面（6）（鈴木実験等に対する求釈明）
	九月三〇日	第一三回 被告側鑑定意見書作成者永瀬　章証人尋問 原告　一九九七年八月一一日付け準備書面（5）（被告準備書面（6）に対する釈明） 被告　一九九七年九月三〇日付け検証申立（乙81、82の実験撮影ビデオテープ）
	一一月二五日	第一四回　被告従業員陳述書提出
一九九八年	二月一〇日	第一五回　被告従業員証人尋問（製造工程、部品の品質等）

		被告　一九九八年二月一〇日付け検証申立（ウレタン燃焼実験）
	三月三日	第一六回 原告　一九九八年三月三日付け準備書面（6） 被告の二月一〇日付け検証申立（ウレタン燃焼実験）に対する意見 被告　一九九八年三月三日付け鑑定申立書（同型冷凍庫内ウレタン断熱材燃焼実験） 一九九八年四月二日付け鑑定申立書（同型冷凍庫内ウレタン断熱材燃焼実験）
	五月一九日	第一七回　裁判長交替 原告　一九九八年五月一八日付け鑑定申立に対する意見書 被告の四月二日付け申立の鑑定は不要、再現実験無意味論の主張。 裁判所は、被告申立の鑑定について必要性を疑問視
	七月一五日	第一八回（準備手続） 原告　甲16号証（冷凍庫模型写真撮影報告書）提出 冷凍庫模型提示 被告　一九九八年七月一五日付け準備書面（7）（鑑定の必要性について） 裁判所が記録を検討し、争点等について当事者と討論、年内結審を目指す
	九月二二日	第一九回 被告　一九九八年九月二二日付け準備書面（8）（消防の火災原因判定書に対する批判） 一九九八年三月三日付け鑑定申立撤回 裁判所　被告の一九九八年四月二日付け鑑定申立を不採用（再現実験は製造物責任訴訟に意味なし） 被告に対し他原因の主張・立証の成否の検討を指示 原告に対し冷凍庫内部の出火箇所・出火原因の主張・立証の要否の検討を指示

	一〇月二〇日	第二〇回 原告　一九九八年一〇月二〇日付け準備書面（7）（最終準備書面）
	一二月一五日	第二一回 原告　一九九八年一〇月二二日付け準備書面（8）（原告準備書面（7）の誤記の訂正） 一九九八年一二月八日付け準備書面（9）（壁への着火箇所、貫の焼損状況等に関する反論） 被告　一九九八年一二月一五日付け準備書面（9）（最終準備書面）
一九九九年	三月九日	第二二回　当初判決言渡し予定↓準備手続に変更 裁判所が、原告被告双方に主張立証の補充を指示
	四月二七日	第二三回　弁論終結 原告　一九九九年四月二七日付け準備書面（10） 電気痕、冷凍庫内部の焼損状況、板壁焼損状況と冷凍庫発火の整合性等 甲23（鈴木意見書）　提出 被告　乙116～119提出 終結後　被告一九九九年五月二七日付け準備書面（10）（原告準備書面（10）への反論） 原告一九九九年七月三〇日付け準備書面（11）（被告準備書面（10）への反論）
	八月三一日	午後一時一〇分　東京地裁722号法廷判決言渡し 被告が控訴したが、その後取り下げて一審判決確定

資料②

三洋電機冷凍庫発火事故製造物責任訴訟・東京地裁判決

東京地裁平六年（ワ）二四四七二号、平11・8・31民二八部判決

原告　北川公造〈ほか二名〉

右三名訴訟代理人弁護士　中村雅人
同　澤藤統一郎
同　近藤博徳
同　村上徹
同　中山ひとみ
同　中村忠史
同　森山満
同　芳野直子
同　米川長平
同　田島純蔵
同　神山美智子
同　瀬戸和宏
同　高見澤重昭
同　大西正一郎
同　奥田克彦
同　谷合周三

右中村雅人訴訟復代理人弁護士　高木佐基子
右田島純蔵訴訟復代理人弁護士　吉岡俊治

《住所略》

被告　三洋電機株式会社
右代表者代表取締役　杉本政穂
右訴訟代理人弁護士　八木忠則
同　須藤修
同　遠山康
同　上床竜司

主文

一　被告は、原告北川公造に対し、三一三万一〇四四円

及びこれに対する平成三年七月一日から支払済みまで年五分の割合による金員を支払え。
二　被告は、原告北川丈子に対し、二九五万九三五七円及びこれに対する平成三年七月一日から支払済みまで年五分の割合による金員を支払え。
三　被告は、原告北川優子に対し、二九三万二〇九九円及びこれに対する平成三年七月一日から支払済みまで年五分の割合による金員を支払え。
四　原告らのその余の請求をいずれも棄却する。
五　訴訟費用は被告の負担とする。
六　この判決は、第一項ないし第三項に限り仮に執行することができる。

事実及び理由

第一　請求
一　被告は、原告北川公造に対し、一九五一万三七五〇円及びこれに対する平成三年七月一日から支払済みまで年五分の割合による金員を支払え。
二　被告は、原告北川丈子に対し、八九一万三七五〇円及びこれに対する平成三年七月一日から支払済みまで年五分の割合による金員を支払え。
三　被告は、原告北川優子に対し、四四〇万円及びこれに対する平成三年七月一日から支払済みまで年五分の割合による金員を支払え。
四　訴訟費用は被告の負担とする。
五　仮執行宣言

第二　事案の概要
一　本件は、被告が製造販売した業務用冷凍庫から発火し、店舗兼居宅が半焼したと主張して、原告らが、被告に対して損害賠償を求めている事案である。
二　原告北川公造（以下「原告公造」という。）、同北川丈子（以下「原告丈子」という。）及び北川優子（以下「原告優子」という。）は、原告公造が福島県いわき市内において経営していた飲食店「レストラン味郷」において平成三年七月一日に発生した火災（以下「本件火災」という。）の発生源が、業務用冷凍庫であるとして、被告に対し、安全な電気器具製品を設計、製造すべき注意義務違反による不法行為に基づき、店舗内備品、家財道具等の焼失、休業損害、新住居兼店舗への移転費用等、慰謝料、弁護士費用の各損害につき、原告公造について一九五一万三七五〇円、同丈子について八九一万三七五〇円、同優子について四四〇万円の各損害賠償及びこれらの各金員に対する不法行為の日である平成三年七月一日から支払済みまで民法所定の年五分の割合による遅延損害金の支払を請求している。

第三　争いのない事実等（証拠により認定した事実には、証拠番号を付す）。

一　当事者

1　原告公造は、昭和六一年一一月、福島県いわき市《番地略》所在の土地約三五〇・四〇平方メートルを賃借し、同土地上の建物（木造モルタルスレート葺二階建、延床面積約一一〇・一三平方メートル）を代金八〇〇万円で購入した。同人は、この建物の北側に下屋を増築した（増築後の建物を以下「本件建物」という。）後、同年一二月から、本件建物の一階部分で、妻である原告丈子とともに、飲食店「レストラン味郷」（以下「本件レストラン」という。）を経営していた。原告優子は原告公造、同丈子夫婦の二女である。

2　被告は、電気機械器具等の製造等を目的とする株式会社であり、業務用冷凍庫（型番ＳＣＲ―Ｃ二八〇、以下「本件冷凍庫」という。）を製造し、これを販売のため出荷した。

二　本件冷凍庫の設置、使用状況等

1　原告公造は、昭和六一年一二月、株式会社服部コーヒー・フーズから、本件冷凍庫を購入し、本件建物の下屋に設置して、本件レストランの営業のために、食材の冷凍保存の用途で使用していた。

2　本件建物は、一階部分が店舗及び下屋で、二階部分が原告らの居住部分である。一階は、西側に一般客席（テーブル席）があり、その東側にカウンターと厨房がある。厨房の南側に個室一部屋があり、厨房の食器戸棚の東側裏面に接する形で下屋がある。下屋には、北側に風呂場、戸棚があり、東側に面する部分が通路となっており、厨房に接して北側からボイラー室、冷凍庫置場、物置がある（いわき中央警察署司法警察員五十嵐了作成の実況見分調書である甲九、以下「警察調書（甲九）」ともいう）。

3　本件冷凍庫は、下屋（天井は梁がむき出しのまま、床は土間）の中の幅一・六五メートル、奥行〇・七二メートルの大きさの冷凍庫置場に置かれていた。冷凍庫置場は、三方を板壁で囲まれており、本件冷凍庫は、西側のボイラー室との間にある板壁と接して、南側の厨房との境にある板壁（以下「本件板壁」という。）から七・三ないし一二センチメートル離して、コンクリートたたきの上に置かれていた。本件冷凍庫の東側には、ビールケースが二段重ねにして置かれていた（いわき市内郷消防署三和分遣所消防司令補熊谷信夫作成の実況見分調書である甲三、以下「消防調書（甲三）」ともいう。《証拠略》）。

4　本件冷凍庫置場背面の本件板壁は、その表面に近い部分から奥に、腰板、前壁板、前貫板、間柱、後貫板、後壁板という構造となっており、表面の腰板はベニヤ板で、床面から四〇センチメートル程度の高さまで張られていた《証拠略》。

三　本件冷凍庫の形状等

1　本件冷凍庫は、冷凍スペースである本体部分と上扉からなり、本体部分は、外箱と内箱とで構成され、外形寸法幅一〇八四ミリメートル、奥行五七七ミリメートル、高さ八六五ミリメートル、内形寸法幅九五〇ミリメートル、奥行四四〇ミリメートル、高さ七一五ミリメートルのものである《証拠略》。

本件冷凍庫の上扉は、引上げ式となっており、扉内側中央部分には庫内灯が付属されている（乙四）。外箱と内箱との間に、冷却用物質を通す螺旋型の鋼製パイプが取り付けられている。

本件冷凍庫の外箱の材質は、ＮＸ鋼板であり、その上にポリエステル樹脂焼付塗装（ＰＣＭ）が施されている。上扉本体の材質は、ＮＸ鋼板であり、同様にポリエステル樹脂焼付塗袋（ＰＣＭ）が施された上、ＡＢＳ樹脂の扉キャップが縁枠として使用されている。扉パッキングの材質は、塩化ビニールである。内箱の材質は、カラーアルミニウムである。

2　本件冷凍庫には、外箱と内箱との間に断熱材として、硬質ウレタンフォーム（以下「本件ウレタン材」という。）が発泡剤ＣＦＣ―一一を使用して充填されており、前者は可燃性である《証拠略》。

本件ウレタン材の漏れ防止のためには、アタクチックポリプロピレンを主成分とするホットメルト型シール材（以下「ホットメルト」という。）が使用されている。

3　本件冷凍庫前面左下には、サーモエスカッション（制御・表示盤）がある。このサーモエスカッションの材質は、ＡＢＳ樹脂であり、外箱には、爪によって固定する方法（嵌め込み式）で取り付けられている。サーモエスカッションには、右から、冷凍庫に入れた食品を急速に冷凍する場合に入れる急冷スイッチ（急冷ランプ内蔵）、冷凍庫内の温度が高くなりすぎたことを示す警告ランプ、冷凍庫が通電状態であることを示す通電ランプがあり、一番左には温度調節ツマミがある。

4　これらのスイッチ等の後部には、冷凍庫内の温度が高くなりすぎた時に、冷凍庫内の温度を感知して警告ランプを点灯させる警告サーモと、冷凍庫内の温度を一定に保つ働きをするサーモスタット（温度調節器、以下「本件サーモスタット」という。）がある。本件サーモスタットのサーモエスカッションへの取付方法は、ビス止めであり、その端子台の材質は、ポリエステル樹脂である。急冷スイッチのサーモエスカッションへの取付方法は、嵌め込み式であって、その樹脂の部分の材質は、ガラス繊維強化ナイロン６樹脂である。

5　サーモエスカッションの後部には、コンプレッサー（外側が鉄製ケースで覆われ、ケースの側面に電気の供給のための端子を備えているもの）があり、電源コードとコンプレッサーの間には、コンプレッサーに異常が生じたときに温度が異常に上昇しないように電気の供給を停止し、コンプレッサーを保護する役目をする過負荷リレー（以下「本件過負荷リレー」という。）とコンプレッサーの始動時のみ起動する始動リレー（以下「本件始動リレー」という。）がある（《証拠略》）。

6　本件冷凍庫背面左下には、縦二四センチメートル、横一九・八センチメートルの大きさの排熱口がある（《証拠略》）。

四　本件火災の発生、消火

1　平成三年七月一日午後八時四七分、森田愛子の夫の通報により本件火災の発生が、いわき中央警察署に認知され、同日午後九時四八分、いわき市内郷消防署により消火された（甲九）

2　本件火災により、本件建物は、延べ床面積一二四・

七四平方メートルのうち二四・一五平方メートルを半焼した（甲二）。

五　火災保険金等の支払《証拠略》

1　原告公造は、昭和六一年一二月二七日、大成火災海上保険株式会社（以下「大成火災」という。）との間で、本件建物を目的とする保険金額一〇〇〇万円の損害保険契約を締結し、本件火災の後、保険金一〇〇〇万円及び取り片付け費用保険金五〇万円、臨時費用保険金三〇〇万円の合計一三五〇万円を受領した。

2　原告公造は、昭和六一年一二月三日、福島県共済農業協同組合連合会（以下「福島農協」という。）との間で、本件建物を目的とする共済金一五〇〇万円の共済契約を締結し、本件火災の後、共済金一五〇〇万円、営業用什器についての動産特約共済金五〇〇万円、臨時費用共済金一五六万二五〇〇円、特別費用共済金一五〇万円の合計二三〇六万二五〇〇円を受領した。

3　原告公造は、昭和六二年五月二二日、福島農協との間で、家財道具一式を目的とする共済金五〇〇万円の共済契約を締結し、本件火災の後、共済金五〇〇万円、臨時費用共済金九三万七五〇〇円、特別費用共済金五〇万円の合計六四三万七五〇〇円を受領した。

第四　争点

一　本件冷凍庫の欠陥の有無

二　被告の過失の有無

三　原告らの損害の有無及びそれらの額

第五　争点に関する主張

一　本件冷凍庫の欠陥の有無

1　原告らの主張

(一)本件火災の発生源は、本件冷凍庫である。本件火災の原因が本件冷凍庫の発火によるものであることは、本件火災現場の状況、とりわけ本件冷凍庫の焼損の状況と本件建物の焼損状況から肯定される。

(二)原告らは、食材等の冷凍保存という冷凍庫の本来の使用目的に従って使用してきたものであるにもかかわらず、本件冷凍庫が発火し、本件火災の発生源となったのであるから、本件冷凍庫は、本件火災当時、通常有すべき安全性を欠いており、この意味で欠陥があった。

そして、消費者に流通することを予定されている製品で、実際に流通に置かれた時の状態のまま、本来の使用目的に従って使用され、事故が発生した場合において、その時点で製品に欠陥が存在したときには、流通に置かれた時点で既に欠陥が存在していた蓋然性が高い。

本件においても、本件冷凍庫は、食材の冷凍保存という使用目的に従って使用されていたにもかかわらず発火したのであるから、被告により流通に置かれた時点で、既に右欠陥が存在したといえる。

(三) なお、原告は、本件火災の発生源が本件冷凍庫であったということを立証すれば足り、必ずしも本件冷凍庫の発火箇所、発火機序、燃焼経路について明らかにする必要はないが、最も蓋然性の高い発火原因は、本件サーモスタット部品のトラッキングによる発火である。そして、本件サーモスタットの発火から本件板壁に着火するまでの燃焼経路は、概要次のとおりである。

(1) 第一段階

本件サーモスタットから発生した火炎は、ポリエチレン製のカバーフィルムに燃え移り、サーモエスカッション部内の可燃性の構造材（合成樹脂部品等）に延焼するとともに、約四センチメートル上部に近接する鋼板接合部のホットメルトに達して、これを加熱し溶融した。

(2) 第二段階

ホットメルトに到達した火炎が、これを溶融、滴下させ、加熱されて溶融したホットメルトが、いわば流動性の燃料として、サーモエスカッション部に降りかかり、火勢を一層激しくすると同時に、ホットメルトが溶融、滴下した後の鋼板接合部に生じた隙間に露出している本件ウレタン材に着火した。

(3) 第三段階

本件ウレタン材に着火した火炎が、本件冷凍庫の全周囲を取り巻くウレタン材に燃え広がりながら上端に達し、本件冷凍庫上辺部の扉パッキング及び合成樹脂製の縁枠などを焼失させた後、焼失跡に開いた幅約二センチメートルの間隙から外部に向けて噴出した。本件冷凍庫背面で、床面から約八〇センチメートルの高さの上扉部分（以下「本件上扉部分」という。別紙図面のB部分）に生じた間隙から噴出した火炎が、本件冷凍庫の背後約七センチメートルに対向して位置する本件板壁に着火、延焼し、燃え上がった。

2　被告の反論

(一)　本件冷凍庫は、鋼板という不燃性の物質で囲まれた構造であり、鋼板自体が燃焼することはあり得ないから、内部で発火した火によって本件火災が発生したということを立証するためには、①内部で発生した火が外部に噴出した箇所はどこか、②その噴出した火が本件建物のどこに着火したか、という二つの事実を主張立証する必要がある。

(二)　本件火災をもたらした火炎が初めて本件建物に着火した箇所は、本件板壁の最下端にある貫板の中央部の下方の床付近（以下「本件床付近」という。別紙図面のA部分）である。

そして、仮に本件冷凍庫の内部で発火したとしても、その火が本件床付近に着火することは、次の理由からその可能性がないから、結局、本件冷凍庫の内部から発火したということはあり得ない。すなわち、本件冷凍庫の外箱には、内部で発生した火が外部に噴出する可能性のある開口部ないし開口部となりうる箇所は、排熱口、サーモエスカッション、左右の把手、本体上扉部分の五箇所しかない。しかし、右五箇所のいずれからも、火炎が噴出した蓋然性は極めて低い。

(1)　排熱口

一般的に、着火した箇所の焼損状況が他に比較して軽微であることは、あり得ないことであるところ、排熱口が面している本件板壁の焼損状況をみると、前壁板ばかりでなく腰板すら残存しており、本件上扉部分に位置が対応する関係にある本件板壁部分で貫板が焼失しているのと比較すると軽微であるから、排熱口を介してコンプレッサーから火炎が本件板壁に着火し、またはコンプレッサーから生じた熱が原因で本件板壁が発火したという蓋然性は著しく低い。

(2)　サーモエスカッション

サーモエスカッションは、本件冷凍庫の前面に位置するので、ここから火炎が本件板壁に着火する蓋然性は全くない。

(3)　左右の把手

左右の把手の位置からすると、左右の把手部分から噴出した火炎が本件床付近に着火する蓋然性は著しく低い。左右の把手が面している本件板壁の焼損状況は、その下に位置する貫板二本など周辺の焼損状況と比較して最も焼損の程度が弱い。この状況は、強力な火勢の火炎が左右の把手部分から噴出した場合にみられる焼損状況とは全く異なるものである。

(4) 本件上扉部分

本件冷凍庫の内部で発火したとして、本件上扉部分から噴出した火炎が本件床付近に着火した蓋然性は極めて低い。

(三) 原告は、発火原因として、サーモスタットのトラッキングによる発火を主張するが、次の理由からこの可能性はない。

(1) 本件サーモスタットは、耐トラッキング性に優れており、本件サーモスタットに使用されているポリエステル樹脂も自己消火性に優れているから、本件サーモスタットが発火原因となることはない。

(2) 本件ウレタン材の燃焼の可能性について

(ア) 本件火災現場において焼損したものの中で、本件冷凍庫の焼損状況がとりわけ著しいが、その焼損の際の燃料は、本件冷凍庫の断熱材として使用されていた本件ウレタン材である。しかし、本件ウレタン材は、本件冷凍庫内部で発生した火ではなく、外部からの火によって燃焼したものである。

(イ) 本件ウレタン材は、硬質ウレタンフォームが膨張して外箱と内箱の間に完全に充填されるため、本件ウレタン材と外箱と内箱は接着した状態となる。したがって、本件冷凍庫の背面板、前面板及び側面板はいずれも外箱と内箱を構成する二枚の金属板がウレタン材をサンドイッチ状に挟んだ三層構造であり、外箱と内箱は、その上端で縁枠に嵌合されている。

(ウ) 以上のように金属板によってサンドイッチ状に挟まれ、さらにその上端を縁枠で密閉された状態の本件ウレタン材は、その気泡中に入れ替わって内包するに至った空気に含まれる酸素の量だけでは不十分であるため、下方から火炎を受けても下部の局部的な焼損に留まる。酸素がない以上、本件ウレタン材が燃焼することは不可能であり、本件ウレタン材は、燃焼したのではなく、結果的に炭化しただけである。

仮に、本件ウレタン材に内包する空気によって燃焼が可能であったとしても、上端が塞がれている状態の下では、燃焼によって生じたガスは、排出されず、本件ウレタン材の収縮によって生じた空気に残留することにならざるを得ないため、酸素濃度が低下し、結局、本件ウレタン材は、燃焼を継続することができない。

したがって、原告が主張するような燃焼経路はあり得ず、本件ウレタン材が燃焼したのは、それを挟んでいる金属板が外部からの火炎によって熱せられ、その火炎による被熱によって熱分解し、可燃性ガスとなる一方、外箱と内箱を嵌合させている縁枠が部分的に焼失し、金属板内部の本件ウレタン材から可燃性ガスとなったものに着火したためである。

二　被告の過失の有無

1　原告らの主張

今日の日常生活においては、消費者は、製造者の提供する製品を使用して生活せざるを得ないが、その製品の多くは、高度に複雑化・専門化した科学技術を駆使して製造されているため、製品の構造、材質、作動機序等のいずれについても消費者の理解をはるかに超えており、消費者は、製造者の提供する製品の構造、材質、作動機序等について一切知識を有しないまま、その安全性を信頼し、使用することを余儀なくされている。したがって、製品の構造、材質、作動機序等に関して高度の知識や専門技術を有している製造者は、この消費者の信頼に対応した安全な製品を設計・製造し、流通に置く義務を有する。かかる状況下において、製造者が製造した製品に基づく事故が生じた場合に、消費者がその事故により被った損害の賠償を求めるに際して、製品の事故発生箇所の特定やその発生機序を主張立証することは、著しく困難であって、多くの場合には、事実上不可能を強いるに等しい結果となる。

本件冷凍庫も、右のような科学技術を駆使して製造されたものであり、本件冷凍庫の設計、製造等に関する知識も技術もない原告らにとっては、いわばブラックボックスともいうべきものである。しかるに、本件冷凍庫の発火による本件火災の被害を受けた本件において、本件冷凍庫内の発火箇所、発火機序、燃焼経路等を解明し、それに対する被告の注意義務やその違反の内容についてまで具体的に特定して主張立証しないかぎり、損害賠償請求権を根拠づけられないとすることは、事実上その被害を甘受することを余儀なくされるものであり、許されない。

したがって、本件における被告の過失の内容は、本件冷凍庫を設計、製造し、流通に置く過程で、本件冷凍庫が通常どおり使用されている限り、発火することによって原告らに損害を及ぼすことがないように、その安全性を確保すべき高度の注意義務があったにもかかわらず、かかる義務を怠り、原告らが、通常どおり使用していたのに、発火してしまうという通常有すべき安全性を欠く欠陥のある本件冷凍庫を製造し、流通に置いたことであり、この程度の特定で足りるものである。本件冷凍庫が通常の使用に供している際中に発火したのに、被告に過失がないというためには、被告は、前記のとおり、消費者に対して安全な製品を提供すべき義務を負担し、本件冷凍庫の構造等について高度の専門的知識を有しているのであるから、本件冷凍庫を製造した被告が、具体的に発火原因を解明して過失のなかったことを主張立証すべきである。

2　被告の反論

(一) 原告らは、本件冷凍庫の内部の構造等は全く不明であって、いわばブラックボックスというべきであるとして、本件冷凍庫内部の発火箇所、発火機序、焼損経路等に関して具体的事実を主張立証する必要はないとする。

しかしながら、今日、我々が日常生活において使用する家庭用電気器具製品、レジャー用品、乗物ないし乗物用品等は、多かれ少なかれある程度高度の技術、知識がなければ理解できないようなものであるから、原告らの立論によるならば、右のような製品に関連して事故が起きた場合、消費者側は、その事故による損害賠償を請求するために、ブラックボックス的構造の製品を購入したことを主張立証しさえすれば十分ということとなり、製造者側において、過失及び因果関係の不存在を立証しなければ、損害賠償を免れ得ないこととなり、不当である。

(二) そもそも、本件冷凍庫は、ハイテクノロジーを駆使した高度な専門技術の結晶というべき製品ではなく、電気に関する通常の技術、知識があれば誰でも理解し得る構造のものであって、原被告間において、本件冷凍庫に関する技術、知識に大きな隔たりがあるとはいえない。しかも、被告は、原告らの釈明に応じて、本件冷凍庫の構造図や回路図を証拠として提出済みであり、本件冷凍庫の構造等については知識という点では同等である。その上、本件火災は、原告の支配領域内で発生しており、被告の支配領域外の出来事であることをも考慮すれば、訴訟上の公平という観点に照らしても、原告の立論は成り立たない。

三　原告らの損害の有無及びその額

1　原告らの主張

(一)　原告らは、本件火災の結果、次のとおり損害を被った。

(1)　店舗内備品等の焼失

原告公造につき九六六六万円

原告公造は、本件建物内にあった別紙店舗内備品等一覧表のとおりの飲食店用の備品等を本件火災によって全て焼失した。これらの価額は同一覧表の損害賠償欄記載のとおりであり、合計額は一四六六万円である。原告公造は、店舗内備品の火災保険金（共済金）として五〇〇万円を受領したので、右損害額から右保険金相当額を控除する。

(2)　家財道具等の焼失

原告公造　二二一万三七五〇円
原告丈子　三六一万三七五〇円
原告優子　三〇〇万円

原告らは、別紙家財道具等一覧表のとおりの各動産を焼失し、その価額はそれぞれ同一覧表の損害額欄記載のとおりである。同一覧表の番号1番から3番までの各動産は原告丈子の所有、同4番の動産は原告優子の所有、同5番から34番までの各動産は原告公造及び同丈子の共有であった。原告公造及び同丈子は、本件火災後、動産の火災保険金（共済金）六四三万七五〇〇円を受領したので、原告公造及び同丈子の動産の損害から右保険金相当額を控除する。したがって、原告公造の損害額は、共有動産の損害額から右保険金相当額を控除した残金四四二万七五〇〇円の二分の一相当額であり、原告丈子の損害額は、同二分の一相当額と右一覧表の番号1番から3番までの各動産の損害額との合計額である。

(3)　新住居兼店舗への移転費用等

原告公造　八四万円

原告公造は、本件火災から約六か月後に、現住所地の建物を住居兼店舗として賃借し、敷金として六四万円（賃料月一六万円の四か月分）、礼金一〇万円、不動産業者への仲介手数料一〇万円の合計八四万円を支払った。

(4) 休業損害

原告公造　三〇〇万円
原告丈子　二五〇万円

原告公造及び同丈子は、本件火災のため、約半年間の休業を余儀なくされ、その間の休業損害は、それぞれ右金額を下らない。

(5) 慰謝料

原告公造　二〇〇万円
原告丈子　二〇〇万円
原告優子　一〇〇万円

原告らは、(ア)ないし(カ)のとおり、本件火災によって、財産的損害の回復だけでは、到底償いきれない精神的苦痛を強いられたから、その慰謝料額はそれぞれ右金額を下回ることはない。

(ア) 写真、アルバム、先代等の遺品、日記、卒業証書など、それぞれに想い出があり又は記念となる品々が全て失われた。

(イ) 本件火災で突然焼け出されて、順調に経営していた飲食店レストラン味郷及び住居を焼失し、五年間かけてようやく獲得した営業上の信用を喪失し、収入の途を失い、生活の基盤を奪われた。

(ウ) 原告らは、火災から約六か月後の平成三年一二月一二日、新店舗の開業にこぎつけたが、店舗も住居も賃借であり、店舗の広さも縮小し、しかも、顧客の獲得等、一からのやり直しである。

(エ) 原告らが、本件火災時に在宅していれば、生命を失う危険があった。

(オ) 原告らは、本件火災後、焼け跡の片付け、住居の手配、店舗探し、新店舗開業準備等の煩雑な事務処理や新たな生活の基盤作りのために、約半年間忙殺され、その後も厳しい生活が続いている。また、賃借した建物を飲食店用に改装するために約一〇〇〇万円の費用を要した。

(カ) 原告らは、本件火災後、警察及び消防の現場検証担当者から、本件冷凍庫が発火したものであるとの説明を受け、直ちに被告と交渉を開始した。しかし、被告は、公的機関の火災原因に関する証明書を要求したり、警察署内で本件冷凍庫を調査済であるのに、調査未了を理由に賠償を拒否し、さらに、見舞金名目での三〇〇万円の支払で解決を図るなど、不誠実な交渉態度に終始した。被告は、このような不誠実な交渉態度により、火災による被害を受けた原告らに対し、さらに精神的な苦痛を与えた。

(6) 弁護士費用

原告公造　一八〇万円
原告丈子　八〇万円
原告優子　四〇万円

右(1)ないし(5)の損害額合計は、原告公造が一七七一万三七五〇円、原告丈子が八一一万三七五〇円、原告優子が四〇〇万円であり、本事件の弁護士費用はその約一〇パーセントに当たる右金額が相当である。

(二) 以上により、損害額は、原告公造が一九五一万三七五〇円、原告丈子が八九一万三七五〇円、原告優子が四四〇万円である。

2 被告の反論

(一) 火災保険金による損害の填補

(1) 原告公造は、大成火災との間で締結した本件建物を保険の目的とする損害保険契約に基づき、損害保険金一〇〇〇万円を、福島農協との間で締結した本件建物を保険の目的とする共済契約に基づき、共済金一五〇〇万円を既に受領している。

(2) このように、原告公造は、本件建物の火災による焼失という一つの保険事故を理由に、二重に損害保険金等を受領している。損害の填補を目的とする損害保険契約等の趣旨に照らせば、保険価額を超過する部分は無効であり、その超過部分を超える金員の受領は不当利得である。本件についてみると、本件建物の価額を高い方の福島農協の評価である一五五一万一一九六円であるとした場合、原告公造は、本件建物につき合計二五〇〇万円を受領しているから、九四八万八八〇四円が不当利得である。原告らが本件火災によって受けた損害については、その不当利得九四八万八八〇四円の受領によって既に填補されている。

(二) 店舗内備品等及び家財道具等の損害

(1) 福島農協は、現場調査の結果及び原告公造の申告に基づいて、店舗内備品等の時価を五一〇万円と算出した。原告公造は、店舗内備品等の焼失により、五一〇万円の損害を被ったが、うち五〇〇万円は共済金により填補されたのであるから、結局、本件火災による店舗内備品等の損害額は一〇万円である。

(2) 福島農協は、家族構成等による標準的評価表に基づいて、家財道具等の時価を九四〇万円と算出した。原告らは、本件建物内にあった家財道具等の焼失により、九四〇万円の損害を被ったが、うち六四三万七五〇〇円は共済金により填補されたのであるから、結局、本件火災による家財道具等の焼失による損害額は、二九六万二五〇〇円である。

(三) 新住居兼店舗への移転費用等

敷金は賃貸借契約の終了の後に返還されるものであるから、敷金の支払をもって、損害が発生したとはいえない。原告公造は、福島農協から、臨時費用共済金一五六万二五〇〇円および特別費用共済金一五〇万円の支払を受けているが、前者は損害に伴って生ずる臨時の出費を担保するもの、また後者は仮住まいの費用等に充てるものとされていることから、いずれにせよ、礼金等の損害は既に填補されている。

(四) 休業損害

原告らは、休業損害を立証するために必要な資料を証拠として提出しておらず、立証が不十分である。

(五) 慰謝料

(1) 原告らは、いずれも本件火災の際、本件火災現場に居合わせたものでないから、本件火災によって直接精神的苦痛を受けたという関係にはなく、それぞれの所有していた物が焼失したという財産的損害を被ったにすぎない。したがって、財産的損害については、その損害を填補すれば足りる。

(2) 被告の原告らに対する本件に関する交渉態度は何ら非難されるところはない。

原告らは、本件火災発生の翌日に行われた警察署、消防署共同の実況見分において、警察の担当官が本件火災は本件冷凍庫の内部からの発火によると発言したため、本件冷凍庫が火災発生源であると信じ込み、平成三年七月三〇日、警察署から本件冷凍庫の返還を受ける際、科学捜査研究所による鑑定結果について、本件火災の原因は、本件冷凍庫のモーターでない旨を知らされたのにもかかわらず、平成三年八月六日、被告宛に内容証明郵便により損害賠償を請求した。その後、被告は、警察による鑑定結果その他本件火災の原因究明を待ちたい旨を原告らに伝え、本件冷凍庫が原因で本件火災が生じたとの結論に至れば、直ちに賠償請求に応ずる旨を表明していた。被告は、本件火災の原因究明が進まないため、原告らに対し、第三者機関による判断に委ねたい旨を申し入れたが、原告らはこれを拒絶した。被告は、原告公造に対し、損害額を確定すべく損害保険による填補額の開示を求めたが、これも同原告は拒絶した。

このような次第で原被告間の交渉が進展しなかったのであるから、被告の原告らに対する交渉態度につき、何ら非難されるべき点は存しない。したがって、原告らにつき賠償の対象となるような精神的苦痛は生じていない。

第六　当裁判所の判断

一　争点一（本件冷凍庫の欠陥の有無）について

1　判断の順序

本件火災の発生源について、本件冷凍庫それ自体の焼損状況、本件板壁の焼損状況、本件冷凍庫のサーモスタットの可燃部の焼損状況等から、本件冷凍庫であることが推認できるか、本件冷凍庫から発火すること、及びそれが本件板壁に着火することがあり得るか、その他の原因による可能性があるか等について、以下、検討する。そして、その検討結果を踏まえて、本件冷凍庫の欠陥の有無を判断する。なお、対応する被告の反証について、適宜判断を加えることはいうまでもない。

2　本件冷凍庫それ自体の焼損状況

(一)《証拠略》によると、本件冷凍庫の焼損状況について、本件冷凍庫の前面は、塗装がほとんど残存しており、サーモエスカッション部が黒く煤けていること、本件冷凍庫の背面は、真ん中の高さから上半分は褐色になっているが、下半分は黒く煤けていること、下半分のうち、左側の三分の一程度と右側の排熱口の部分は特に黒く煤けていること、排熱口は、内部のコンプレッサーが更に黒く焦げ付いたようになっており、排熱口に設けられた網状の枠から配線が飛び出していること、本件冷凍庫背面の鉄板を取り除くと、中に入っていた本件ウレタン材が全面にわたって黒く煤けていること、本件冷凍庫左側面は、上部は褐色になっているが、下部は、背面側が三分の二くらいの高さから黒く煤けていること、本件冷凍庫右側面は、上部に褐色の部分があるが、前面に近い縦半分は塗装が残存しており、背面に近い縦半分が黒く煤けていること、本件冷凍庫上扉は、左側半分が上向きに折れ曲がった形で変形し、上面は、左右の三分の一程度がそれぞれ褐色になっていること、本件冷凍庫内部の本件ウレタン材は、すべて燃焼し黒くなっていること、本件冷凍庫内部は、上部四分の一程度は黒く煤けているが、内部のほとんどは塗装を維持していることが認められる。

(二) 以上によれば、鋼鉄製で本来外部からの火で燃える蓋然性の低い本件冷凍庫それ自体が焼損していることが明らかである。もっとも、本件ウレタン材は、可燃性であるから、これが本件冷凍庫の外部からの火により延焼した可能性はないとはいえない。

3　本件板壁の焼損状況

(一) 本件建物への最初の着火箇所は、本件冷凍庫置場裏側の板壁部分であることは当事者間に争いがない。そして、《証拠略》によると、本件板壁の焼損状況について、本件冷凍庫置場裏側の本件板壁の腰板部分が他の部分よりも焼損の程度が大きく、貫板で残存しているものを下からそれぞれ、別紙図面のとおり、貫板①、②のように番号を付すと、本件冷凍庫の背部の中心部分は幅六〇センチメートルにわたって腰板が焼失しており、その奥の貫板①、②、③は燃え残っているもののいずれも黒く炭化が進んでいること、貫板④は、前貫板が本件冷凍庫の幅にわたって完全に焼失し、貫板⑤、⑥にいたっては、後貫板まで焼失しており、後壁板を通じて、食器戸棚で接する厨房へ燃え抜けが生じていること、間柱は、本件冷凍庫裏側の二本が冷凍庫の上部二〇センチメートル程度から上の部分が焼失していることが認められる。

(二) 以上によれば、本件冷凍庫の設置場所とその裏側に当たる本件板壁の焼損の位置が対応する関係にあること及びその部分が他の箇所に比べて焼損の程度が大きいことが明らかである。もっとも、右のような焼損状況を示したとしても、なお、本件冷凍庫の内部からの発火ではなく、その背後に位置する箇所から人為的要因で発火した可能性が全くないとはいえない。

4　本件冷凍庫のサーモスタットの可燃部の焼損状況

(一)《証拠略》によれば、本件冷凍庫は、正面パネル左下部に位置するサーモエスカッション周辺部分、特にサーモスタットと警告サーモ部分が激しく焼損していること、本件冷凍庫内部の同じ制御・電装室内にあってサーモスタット部の背後に位置する始動リレー、過負荷リレーの焼損状況はより軽微であることが認められる。

(二) 以上によれば、本件冷凍庫の背面に近い、始動リレー、過負荷リレーの焼損状況よりも、背面からより遠い本件サーモスタットの焼損状況が激しいことが明らかである。このことは、本件冷凍庫背面の外部からの火により、本件冷凍庫が延焼、焼損したという経過でないこと、すなわち、冷凍庫の内側からの火により焼損が広がっていったことを推認させるものである。

5 本件冷凍庫から発火すること及び本件板壁に着火する可能性

(一) 鈴木鑑定意見書(甲一一の二)によれば、本件発火原因として最も蓋然性が高いのは、本件サーモスタット部品のトラッキングによる発火であること、本件サーモスタット部の発火から、背面の本件板壁に着火した本件冷凍庫内部の燃焼経路は、本件サーモスタットから発生した火炎が、ポリエチレン製のカバーフィルムに燃え移り、サーモエスカッション部内の可燃物に延焼し、鋼板接合部のホットメルトに達して、これを加熱し溶融した第一段階、加熱されて溶融したホットメルトが流動性の燃料として、サーモエスカッション部に降りかかり、火勢を一層激しくすると同時に、ホットメルトが溶融、滴下した後の鋼板接合部に生じた隙間に露出している本件ウレタン材に着火した第二段階を経て、本件ウレタン材の着火部位から発した火炎が、本件冷凍庫の周囲を取り巻く本件ウレタン材に燃え広がりながら上端に達し、本件冷凍庫上辺部の扉パッキング及び縁枠等を焼失させた後、焼失跡に開いた幅約二センチメートルの間隙から外部に向けて噴出したこと、そして、本件冷凍庫背面で、床面から約八〇センチメートルの高さの本件上扉部分(別紙図面のB部分)に生じた間隙から噴出した火炎が、本件冷凍庫の背後七・三ないし一二センチメートルに対向して位置する本件板壁に着火、延焼し燃え上がったという推認が成り立つことが認められる。

(二) 鈴木鑑定意見書(甲一一の二)は、トラッキング発生に関する科学的知見（これは、乙六五によっても認められる。）を前提とした上、消防調書（甲三）、警察調書（甲九）に基づく本件板壁の焼損状況、サーモスタット部品の焼損状況、検証調書に基づく本件冷凍庫の外観を根拠資料として、㈠のとおり推論するものであり、その推論及び判断の過程に不合理な点があるとは認められない。

なお、本件冷凍庫の焼損状況について、鈴木鑑定意見書（甲一一の二）は、本件火災直後の消防調書（甲三）、警察調書（甲九）又は《証拠略》ではなく、本件火災の約四年後に実施された検証調書をもとにしている。四年間の保管状況が必ずしも明らかではないから、検証調書が本件火災直後の本件冷凍庫の状況を正確に反映していない可能性があることは否定できないが、検証調書に基づく鈴木鑑定意見書（甲一一の二）の推論部分を取り除いたとしても、本件火災が本件冷凍庫が原因であるとの結論は変わらないとみることができ、鈴木鑑定意見書（甲一一の二）の推論過程は基本的に問題はないということができる。

㈢ 被告の反証について

(1) 被告の反証の枠組みは、①本件建物への着火箇所が、本件板壁であるとしても、本件冷凍庫上部に該当する別紙図面のB部分ではなく、本件冷凍庫背面の床付近である別紙図面のA部分であることを前提とし、②この前提に基づいて本件冷凍庫には、A部分に着火するような火が噴出する可能性がないということである。

(2) そこで、まず、本件建物への着火箇所に関する点（①）について検証する。

(ア) 永瀬鑑定意見書（乙一八）及び永瀬証言が、鈴木鑑定意見書（甲一一の二）を批判する主要な点は、本件冷凍庫と本件板壁との間の狭い隙間では、着火点から火が下に燃え広がる現象（以下「燃え下がり」という。）が生じないこと、別紙図面の貫板①ないし③の炭化の度合及び亀甲の大きさから、本件火災では、燃え上がりが専らであったとみられるということである。

しかし、《証拠略》によれば、火災に関する一般的知見として、燃え下がりが常に生じないということはいえないし、須川鑑定意見書（乙九三の一及び二）も燃え下がり自体はあり得ることは認めているところである。また、《証拠略》によれば、火災の方向性を判断する方法として、炭化度合による方法もあり、木材の炭化の度合は、材質によっても異なるため、右判断方法を採る前提として、各木材の材質が同一であることが必要であることが認められるが、別紙図面の貫板①ないし③の材質がすべて同じものであったか否かは不明である。本件板壁と本件冷凍庫との隙間は約七・三センチメートルあり、落下物が入り込めないほど狭い空間ではないから、本件冷凍庫から発生して天井まで達した火が何らかの原因で落下して、貫板①の付近に燃え移り、貫板①ないし③の部分では、弱い火が長時間くすぶっていたため、炭化が他の部分よりも進んだということも十分考えられる。

永瀬鑑定意見書（乙一八）は、燃え下がりが起こるような空気の流れがないというが、このことから、下方への延焼が生じにくいことはいえるとしても、燃え下がりを一切否定することはできないように思われる。かえって、《証拠略》によれば、本件板壁の焼損状況を全体的に見ると、本件冷凍庫上扉部分より上方の燃え方が激しく、本件冷凍庫背面の中央部分に対応する部分で、厨房側への燃え抜けが生じており、その部分における焼損状況が著しいことが認められる。このような本件板壁全体の焼損状況は、床面に近いA付近で燃焼を開始したと考えるより、B付近で着火したと考える方が合理的であると考えられる。

(イ) 結局、永瀬鑑定意見書（乙一八）は、本件板壁の焼損状況については、A付近で着火した火が燃え上がったという説明も可能であり、一般的な火災に関する知見に合致するというものにすぎず、A付近に着火したのでなければ、本件板壁の焼損状況について合理的な説明が不可能であるということまで論証しているものとはいえないのである。

(ウ) 次に、須川鑑定意見書(乙九三の一、二)について、第一に、貫板①ないし③の燃焼状況により、燃焼順序を考察している点については、永瀬鑑定意見書（乙一八）と同様の問題がある。

第二に、須川鑑定意見書（乙九三の一及び二）は、本件板壁全体の焼損状況は台形を示しており、台形の下辺部分の両端に床面を底辺とする三角形の燃え方が残っているが、燃え下がりが生じたとすると、右のような三角形の燃え方ではなく、逆三角形の燃え方が残るはずであるから、本件板壁は、下方からの火によって焼損したものであるという。しかし、そもそも本件板壁に、須川鑑定が模式化するような三角形の燃え方が残っているといえるかも必ずしも明らかではない上、本件上扉部分に位置的に対応する関係にある本件板壁から燃え下がった火が、本件板壁の下端まで達して、両端に燃え広がった結果、三角形の燃え方が残ったことも十分考えられるから、須川鑑定が主張するような三角形の燃え方が残っていたとしても不合理ではない。むしろ、本件板壁全体の焼損状況を見ると、本件上扉部分に位置的に対応する関係にある本件板壁部分から上方及び横方向に向かって延焼拡大していっていると認められるから、乙九三の一及び二によっても、本件冷凍庫の下方部分からの燃え上がりでなければ本件板壁の焼損状況を説明できないとまではいえない。

第三に、須川鑑定意見書(乙九三の一及び二)は、本件冷凍庫内部で発生した火が、本件冷凍庫上扉付近で本件板壁に着火したとすると、本件建物の天井が燃え抜け、屋根まで焼失しているはずであるというが、警察調書(甲九)、消防調書(甲三)によれば、本件冷凍庫置場の上方の天井は焼失しており、二階の便所にも火が及んでいることが認められるのであるから、立論の前提を欠くように思われる。

(エ)なお、被告は、本件板壁への着火箇所がB付近であるとすると、その斜め直ぐ上方に位置する貫板⑦が焼け残っていることを説明できないと主張する。

しかし、貫板⑦は、厨房側の貫板であり、本件冷凍庫置場側の貫板よりも本件冷凍庫から遠い位置にあることから、本件冷凍庫置場側の貫板と比較するとその焼損程度が低いことがあったとしても不合理とはいえない。

(オ)以上によれば、本件冷凍庫上扉部分の間隙からの発火が腰板に着火したものと推認することが、物理的又は科学的にみて不合理であるとは認めることはできない。

(3)本件冷凍庫内部の発火原因に関する点(1)②)について検討する。

(ア)被告は、本件サーモスタットは、耐トラッキング性に優れ、電気的スパークにさらされても容易にグラファイト化することはなく、外部からの火炎によって一旦燃焼を開始しても、その火炎が継続しない限り、自己の燃焼エネルギーでは燃焼を継続せず、消火してしまう性質である自己消火性に優れているとして、本件サーモスタットのトラッキングによる発火を否定する。

(イ) 確かに、実験結果報告書によれば、本件サーモスタットは、耐トラッキング性に優れていること、本件サーモスタットに使用されているポリエステル樹脂は、難燃性を有し、外部からの火炎が継続しない限り、自己の燃焼エネルギーでは燃焼を継続せず、消火してしまう自己消火性があることが認められる。

ところで、本件冷凍庫と同型式の冷凍庫に用いられる部品を用いて被告が行う実験により、本件火災の原因が本件冷凍庫でないことを立証するためには、右実験に使用される部品は、本件冷凍庫と同様の品質、形状であることが不可欠であり、再現実験で設定される諸条件も本件火災発生時の状況と同一のものであることが不可欠である。しかし、右実験は、正常なサーモスタット、ポリエステル樹脂を使用しての実験であり、本件冷凍庫に使用された当該部品が正常の品質を有していたか否かは不明であるから、正常なサーモスタット一般にトラッキング耐性があり、ポリエステル樹脂が難燃性を有するとしても、右実験結果により、本件サーモスタットにトラッキングが生じることがあり、これにより発火することがあるという推認を覆すことはできない。

(ウ) 被告は、鈴木鑑定意見書(甲一一の二)が、サーモスタットにおけるトラッキングの発生する根拠として、サーモスタットが開閉動作をする都度、内部にアーク放電に伴うオゾンガスを発生させ、その高密度のオゾンガスが、サーモスタットを覆うポリエチレン性のカバーフィルム内に滞留することを挙げている点について、本件カバーフィルムには通気孔が設けられており、密閉構造にはなっていない旨主張する。

確かに、《証拠略》によれば、本件冷凍庫に使用されるポリエチレン性の透明な袋には、通気用の穴が開けられていることが認められる。しかし、《証拠略》によれば、右袋が実際に使用された状況では、本件サーモスタット部品に接続されている導線に沿って穴が開けられているが、カバーフィルム全体がサーモスタット部品に密着していて隙間がないわけではなく、カバーフィルムと本件サーモスタットとの間には、気体が滞留し得る空間が存在し、いわばほぼ密閉構造であることには変わりないから、この点をとらえて、鈴木鑑定意見書（甲一一の二）を排斥することは相当でない。

(エ) 本件ウレタン材は、可燃物であり、これが熱を受ければ燃焼することについては争いがないところ、《証拠略》によれば、本件冷凍庫と同型式の冷凍庫は、製造過程において、硬質ウレタンフォームがきちんと充填され、隙間が生じない仕組みになっており、金属の内部に充填され密閉された状態のウレタン材は、下方から炎を受けても下部の部分的な焼損にとどまることが認められる。

しかし、(イ)で述べたのと同様に、《証拠略》により、本件冷凍庫の発火が否定されるためには、本件ウレタン材が隙間なく充填されていたことが前提となる。しかし、本件ウレタン材が本件冷凍庫製造時から隙間なく充填されていたか否かは不明であるし、経年変化により本件ウレタン材がどのような状態になっていたかも不明である。

この点、被告は、原告公造が本件冷凍庫の機能等について本件火災前に何らの異常を感じていなかったことから、本件ウレタン材に隙間は生じていなかったと主張するが、どの程度の隙間が生じれば冷凍機能等の本件冷凍庫の機能に影響を及ぼすものか、使用者が異常を感じるものか等は不明であるから、右事実から直ちに本件ウレタン材に隙間が生じていなかったものと推認することはできない。

そうすると、結局、右実験は本件冷凍庫が本件火災の発生源であることの推認を覆すための前提を欠くものといわざるを得ない。

(オ) 被告は、外箱の材質である鉄の溶融点は摂氏一五三〇度であるが、内箱の材質であるアルミニウムの溶融点は摂氏六五九・八度であり、アルミニウムの方が鉄よりも溶融点が半分程度と低いので、本件冷凍庫内部で発生した火が外側へ噴出した場合には、内箱も当然被熱により変形しているはずであるのに、本件冷凍庫の内箱の塗装がほとんどはげることなく残存していることの説明がつかないと主張する。

しかし、《証拠略》によれば、本件火災当時、本件冷凍庫内部には、相当量の食品が冷凍保存されていたことが認められるから、本件冷凍庫内部に火が及んだとしても、まず本件冷凍庫内部の食品に熱を奪われ、内箱内部の温度上昇は外箱に比べて相対的に低かったものと推測されるし、《証拠略》によれば、鉄は、アルミニウムに比較して耐熱性、耐酸化性では劣り、摂氏五〇〇度程度の被熱により強度が急激に低下し、腐食又は崩壊しやすくなるのに対し、アルミニウムの場合には、その溶融点に達しない限りほとんど強度に影響がなく、腐食、崩壊等は生じないと認められるから、本件冷凍庫の内箱の塗装が残存していたとしても矛盾しない。したがって、右事実によっても、本件冷凍庫から発火した事実の推認を妨げるものとはいえない。

(カ) 被告は、電気部品ごとの焼損状況を比較検討すると、(二)のような本件冷凍庫内部の燃焼経路とは整合しないと主張するが、本件サーモスタット及び本件サーモスタットと同じ制御・電装室内の背面側に存する本件始動リレーと本件過負荷リレーの焼損状況からは、4で判示したとおり、むしろ、本件冷凍庫の内部から発火したことが推認される。

ところで、《証拠略》によれば、本件サーモスタットへの接続端子の残存状況は、サーモスタット側より、リード線側の方が燃焼が激しいことが認められるが、このことから直ちに、サーモスタットからの発火が否定されることにはならないと考える。なぜなら、《証拠略》によれば、当該接続端子の端子カバー内の個別の部品は、サーモスタット側とリード線側とでは同一ではないことが認められ、この差が燃焼の程度の差にも影響するとも考えられるからである。さらに、被告は、サーモエスカッション部が発火したのであれば、サーモエスカッション部は均一に燃えたはずであると主張するが、各電気部品の素材の違いが燃焼程度に影響することも考えられるから、主張の前提を欠く。

(キ) 被告は、本件冷凍庫の各部品には、いずれも電気的痕が残っていないので、本件冷凍庫は発生源ではない旨主張する。

確かに、《証拠略》によれば、本件冷凍庫のように電熱器具でない電気器具については、電気火災に至るような短絡、放電による漏電現象があれば必ず電気的痕を生ずるという理論があること、《証拠略》によれば、本件冷凍庫は本件火災当時通電状態にあったが、本件冷凍庫の各部品には、電気的な異常痕跡は発見されていないことが認められる。

しかし、他方で、《証拠略》によれば、短絡により発火した場合には、電気的痕跡である溶融痕が当該電気部品に残存するものの、当該電気部品が燃焼し続ければ、溶融痕が失われたり、残っていても火災後の残存物から溶融痕を発見することは困難であることが認められる。本件冷凍庫は、燃焼が進んでおり、電気部品は相当程度損傷している上、所轄警察署の科学捜査研究室による発火原因調査のために切り取られた一部の部品が喪失していることも併せ考慮すると、残存した各部品を見分するだけでは溶融痕が残存していなかったとみることは相当とはいえない。

(ク) 被告は、本件冷凍庫と同型式の冷凍庫を用いて、サーモエスカッション部分に人為的に着火した後、その炎が断熱材やその他の部品に燃え移るか否かを実験した結果に基づき、サーモエスカッション部全体に火は燃え広がるが、自然鎮火すること、実験においてウレタン材自体が、ほとんど焼失しても、鋼板接合部のホットメルトがほとんど焼失しても、局部的に球形に焼損するにとどまったのは、燃焼に伴って排気がスムーズに行われず、燃焼により生じた空間にガスが充満して酸欠状態になるからであることが認められるから、本件ウレタン材は、本件冷凍庫背面に外部から強力な炎や熱を受け、広範囲に熱せられて上方から燃え始め、これが順次下方へと延焼していって焼損に至ったのであり、鈴木鑑定意見書(甲一一の二)が前提とするホットメルトを介して本件ウレタン材へ着火する過程はあり得ないと主張し、乙六三(実験結果報告書)を提出する。

しかし、これも、(イ)で判示したのと同様に、乙六三のような実験により、本件ウレタン材への着火があり得ないことを主張立証するためには、乙六三で用いられた本件冷凍庫と同型式の冷凍庫が、ウレタン材の充填状況、鋼板接合部のホットメルトの状況等において本件冷凍庫の状態と同一の状態にあったことが必要となるが、乙六三の実験ではこのような前提が確保されたものではない。したがって、乙六三によっても、本件冷凍庫が発火した事実の推認を妨げることにはならない。

6 統計からの考察

(一) 《証拠略》によれば、東京消防庁が把握している東京都内における火災のうち、平成元年から平成八年までの間でみると、電気設備機器等による火災は、年間八七九件（平成四年）から、九五〇件（同六年）までの間の件数で推移していること、このうち電気冷凍庫による火災は、同時期でみると、平成元年一四件、同二年五件、同三年九件、同四年九件、同五年六件、同六年六件、同七年一二件、同八年八件であること、業務用冷凍庫が経年劣化のため、制御回路の端子間で火花放電等が起こり、基盤が絶縁劣化したための出火事例も報告されていることが認められる。

(二) 以上のような統計があるからといって、本件において直ちに本件冷凍庫から発火したものと推認することができないことはもちろんであるが、少なくとも、右の統計の示す事実は、本件冷凍庫から発火した可能性を肯定する方向に働くものと考えるべきであろう。

7　その他の原因について

(一) 火災原因判定書によれば、出火原因として考えられるたばこについては、本件火災直後の実況見分において、たばこの吸い殻は発見されていないこと、原告らはたばこを吸わないし、客のたばこの吸い殻は水を入れた空き缶に入れていたことが、ガス器具については、同じく本件火災直後の実況見分時に、ガス器具の栓が閉まっていたことが、それぞれ認められる。したがって、本件火災原因判定書では、これらが出火原因であることを否定しているのである。火災原因判定書は、火災の専門家である消防士が、本件火災直後に火災現場を見分し、現場の状況、目撃者等の証言、被害者の供述等の資料をもとに、火災原因を判定したものであるから、特段の事情のない限り、相当程度の証拠価値を認めてよいと考える。

ところで、本件火災原因判定書には、本件冷凍庫には取り付けられていないコンプレッサーモーター起動用電動コンデンサーを本件冷凍庫内の第三の発火原因として挙げていること、本件冷凍庫の排熱口の位置を取り違えていること等の誤りがみられる。

しかし、右の誤りから、直ちに火災原因判定書全体の信用性が失われるものではないと解すべきである。なぜなら、火災原因判定書は、発火原因として三つの原因を挙げ、それぞれの可能性について検討を加えた結果、最終的には本件冷凍庫内部の発火原因は不明であるとの結論に達しているのである。したがって、右前提事実の誤りは、火災原因判定の結論には影響を及ぼしていないといえる。むしろ、火災原因判定書から酌み取るべきものは、本件火災の現場の状況に照らして、本件冷凍庫以外に発火の原因となるものを想定することができないという結論を示していることである。

(二) 被告は、本件火災は、原告らによる利得目的の放火によるものであると主張し、その間接事実として、原告らの複数の損害保険契約等の締結、四三〇〇万円の火災保険金等の取得、原告らの本件火災発生前の行動の不自然さ等を主張する。

(三)(1) 原告公造が本件建物等について三件の損害保険契約、共済契約を締結しており、本件火災により合計四三〇〇万円相当の火災保険金等を受け取っていることは、第三・五に判示したとおりである。

しかし、原告らが、保険金詐取を目的として放火し本件火災を発生させたものとは考えがたい。すなわち、原告公造が損害保険契約、共済契約を締結したのは、いずれも本件火災から五年前の昭和六一年であること、原告らが経済的に苦しい状態にあった等の刑法犯を犯してまで金銭を取得する必要のある事情が窺われないこと、容易に火元となる箇所でない冷凍庫付近を火災の発生源として選択し放火することは不合理と思われること等の事情のみられる本件においては、原告らが保険金を利得する目的で本件火災を発生させたと考えることは、特段の事情の認められない限り、経験則に反するといわなければならない。

さらに、原告らが、本件冷凍庫の欠陥に基づく損害賠償請求をするために放火したものとみることも困難である。すなわち、ストーブなどの電熱機器とは異なり、およそ一般的に燃焼するとは思えない本件冷凍庫が発火したと主張しても、直ちに製造会社たる被告が原告らの損害賠償請求に応じる可能性は低いと考えられること、任意の交渉に応じない場合に備えて、損害賠償請求訴訟を提起するとしても、原告らに技術的な知識があるわけではなく、訴訟代理人の協力が得られたとしても、勝訴の見込みは予測がつかないこと、一方で、訴訟費用をはじめ弁護士費用等の諸費用がかかり、判決に至るまでに時間も要するであろうことは容易に予測できること等の事情のみられる本件においては、原告らが損害賠償金を利得する目的で本件火災を発生させたと考えることは、特段の事情の認められない限り、経験則に反するといわなければならない。

(2) 被告は、原告公造及び同丈子の本件火災前の行動について、本件火災の目撃者の供述をもとに、火炎が本件建物下屋に噴出していた時刻を割り出し、永瀬証言に基づき本件冷凍庫置場から、右噴出箇所へ延焼する時間を算出し、鈴木鑑定意見書(甲一一の二)に基づいて本件冷凍庫内部の燃焼経路とそれに要する時間を算出すると、原告らの外出した時刻には、本件冷凍庫から発生した火は、本件板壁に着火しているはずであるから、原告らは、外出時には、下屋付近で異臭などの何らかの異常を感知していたはずであるのに、何の異常も感知していない旨供述しているのは、極めて不自然であると主張する。

しかし、右主張に含まれる推論過程の基礎となる事実は、明らかとはいえず、原告らが外出してから約一〇分後に本件火災の発生が認知されていることを前提とすると、原告らが放火した後で、本件建物を離れたとしても時間的には不可能ではないということができるというにすぎないから、右主張は、原告らの放火を推認させる間接事実とは到底いえない。

(3) 永瀬証言によると、永瀬は、本件火災の原因が人為的なものである可能性があると考えていることが認められるが、憶測の域を出るものではない。

(四) 以上によれば、本件火災が、原告らによる放火であることを認めるに足りる証拠はない。また、本件全証拠によっても、本件火災がその他の原因によることを認めることはできない。

8 小括

(一) 以上によれば、本件火災は、本件冷凍庫を発生源とするものであることを推認することができる。

(二) 右のように判断することは、製造者である被告にとって、一見厳しいもののように感じられるかもしれない。

しかしながら、民事訴訟における立証は、経験則に照らして全証拠を総合考慮して行う歴史的証明であって、一点の疑義も許されない自然科学的証明ではない。そして、歴史的証明は、裁判官が要証事実について高度の蓋然性の認識を形成し、通常人が疑いを差し挟まない程度に真実性の確信を持ち得ることで足りるのである。

(三)　本件も、右(二)のような意味で、(一)のように認定すべきものなのである。すなわち、本件では、①本件冷凍庫は、鋼鉄製であり、本来外部からの火で燃える蓋然性の低いものであるのに冷凍庫それ自体が焼損していること、②本件冷凍庫が置かれた場所とその裏側に当たる本件板壁の焼損の位置が対応する関係にあり、かつ、右板壁の部分が他の箇所に比べて焼損の程度が著しいこと、③本件冷凍庫内部の背面に近い始動リレー、過負荷リレーの焼損状況よりも右の背面からより遠い本件サーモスタットの焼損状況が激しいこと、すなわち、冷凍庫の内側からの火により焼損が広がっていったとみられること、④本件冷凍庫から発火することと及び本件板壁に着火することについて論理的可能性があること、⑤本件冷凍庫と冷却機能という点で類似する冷蔵庫からの発火による火災が毎年複数件みられること、⑥本件火災にはその他の原因は見当たらないこと等の間接事実が認められるのであるから、本件火災は、本件冷凍庫を発生源とするものであることを推認することができるのである。そして、本件では、右推認を覆すに足りる反証がされていないのであるから、(一)の事実を認定するほかないのである。

(四)　原告公造が、本件冷凍庫を本件レストランの営業のために食材の冷凍保存の用途で使用していたことは、第三・二・1に判示したとおりであり、これは冷凍庫本来の使用目的に従った使用方法であるところ、それにもかかわらず、本件冷凍庫が発火し、本件火災の発生源となったものであるから、本件冷凍庫は、本件火災当時、通常有すべき安全性を欠いていたというべきであり、この意味で欠陥があったものといわざるを得ない。

(五)　消費者が、本来の使用目的に従って製造物を使用し、事故が発生した場合において、その時点で製造物に欠陥が存在したときは、特段の事情の認められない限り、製造物が流通に置かれた時点において、欠陥が存在していたものと推認することが相当である。

本件においても、本件冷凍庫は、食材の冷凍保存という本来の使用目的に従って使用されていたにもかかわらず、発火したものであり、特段の事情も認めることはできないから、被告により本件冷凍庫が流通に置かれた時点において、欠陥が存在していたものと推認すべきであることになる。

二　争点二（被告の過失の有無）について

1　被告の安全性確保義務

現代の社会生活は、他人が製造し、流通に置いた製品を購入し使用することによって成立している。規格化された工業製品の場合、流通の過程において販売会社や小売店は個々の製品の安全性を逐一確認した上で販売することは通常予定されておらず、これを購入する消費者においても、個々の製品の安全性の有無を判断すべき知識や技術を有してはいない。このような製品の流通は、製造者が製品を安全なものとして流通に置いたことに対する信頼により支えられているということができる。さらに、製品の大量生産、大量消費のシステムにおいては、一度欠陥のある製品が製造され、流通に置かれると、少なからぬ規模の深刻な被害を発生させる危険性があるところ、欠陥製品から生ずる消費者の生命、身体、財産に対する侵害を防止できるかどうかは、製品を流通に置くまでの製造者の調査、研究等にかかわっており、被害発生を防止する措置は、高度な技術、専門的知識を用いて製品を製造した製造者にしか期待することができない。

したがって、製品の製造者は、製品を設計、製造し流通に置く過程で、製品の危険が性状により消費者が損害を被ることのないように、製品の安全性を確保すべき高度の注意義務（以下「安全性確保義務」という。）を負い、製造者が右義務に違反して安全性に欠ける製品を製造し流通に置き、これにより被害者が損害を被った場合には、製造者は当該消費者に対し、その被った損害を賠償すべき不法行為責任を負うものと解すべきである。

2　被告の過失の有無

(一)　被告は、1で述べたとおり、安全な製品として本件冷凍庫を設計、製造すべき安全性確保義務があるところ、右義務に違反した過失があるといえるかについて検討する。

(二)　ところで、安全性確保義務違反が認められるためには、製造者において被害発生につき予見可能であることが必要である。

専門的知識、高度な技術を有して製品を製造している製造者は、自己の製造する製品の物理的、科学的性質等を最も良く理解しているのが通常であって、製品の欠陥から消費者の生命、身体、財産に対し、通常生じうる損害を予見しうる知識を有しているといえる。このことに、損害の公平な分担という不法行為法の理念を併せ考慮すると、製造者は、製品を流通に置く前に、可能な限りその安全性を確保するための調査及び研究を尽くすべきであるから、消費者が右製品を通常の方法で使用していたにもかかわらず発生した損害について、調査、研究を尽くしても予見できなかったという特段の事情を立証しない限り、右損害発生についても予見可能であったと推認するのが相当である。

㈢　製造者が予見可能な損害の発生を回避すべく課される安全性確保義務の具体的内容は、消費者の生命、身体、財産の安全確保の重要性と、調査、研究により課される製造者の負担等を総合考慮して決定されるべきであり、当該製品の性質、その有用性、通常の使用方法はどのようなものか、使用期間はどの程度を見込むか、製品の消費者は誰か、消費者における危険発生防止の可能性、予見される損害発生の蓋然性、損害の内容、当該製品が有する有用性、製品の安全対策の技術的実現可能性、安全対策が製品の有用性に与える影響等の諸事情に基礎付けられる当該製品の通常有すべき安全性を確保すべき義務と解するのが相当である。そして、安全性確保義務の性質上、流通に置かれた時点において、当該製品について欠陥の存在が立証されれば、製造者に製品を設計、製造し流通に置くに際して、安全性確保義務違反の過失があったものと推定するのが相当である。

㈣　前記一・8において判示したとおり、本件冷凍庫には、流通に置かれた時点において欠陥が存在していたものと認めることができる。そして、本件において、製造者たる被告が、調査、研究を尽くしてもなお本件火災による損害の発生を予見できなかったと認めるべき特段の事情は存しないから、本件火災による損害の発生について被告は予見可能であったと認められる。

そして、前記㈢で判示したとおり、安全性確保義務の性質上、本件冷凍庫について流通に置かれた時点において欠陥が認められる以上、製造者たる被告が本件冷凍庫を流通過程に置くに際して、安全性確保義務の過失があったものと推定することができ、右推定を覆すに足りる特段の事情は認められない。

(五) 以上によれば、被告には、本件冷凍庫を流通に置くに際して、安全性確保義務に違反した過失が認められる。したがって、被告は、原告らが、本件火災により被った損害を賠償すべき責任がある。

3 補論

(一) 本件では、本件冷凍庫の欠陥の有無を認定するに当たり、原告らが、本件冷凍庫内部の発火箇所、発火の機序、発火の原因となった本件冷凍庫の欠陥(以下「製品の具体的欠陥等」という。)について主張立証責任を負うか否か問題となったので、付言しておく。

(二) 1で述べたとおり、工業製品の製造に要する技術は高度かつ専門的であり、製造過程も複雑化されているが、一般的消費者である利用者は、それらに関する知識を有していないのが通常である。このような場合に、消費者たる原告側が、本件のような訴訟において、本件冷凍庫が本件火災の発生源である旨の主張立証をするだけでなく、その具体的欠陥等を特定した上で、欠陥が生じた原因まで主張立証責任を負うとすることは、損害の公平な分担という不法行為法の理念に反するものであり、妥当でない。このことは、製品が完全に損壊し、欠陥を特定することができなくなった場合には、常に製造者が免責されることになってしまう事態を想定すれば明らかである。

したがって、消費者たる原告らは、製品の具体的な欠陥等については基本的に主張立証責任を負うものではないと解すべきである。もっとも、原告らが審理の対象を明示する趣旨で、右の点を主張し、これを立証することは、もとより許容されるものであり、それが可能である場合には、むしろ、そうした訴訟追行をしていくことが、民事訴訟法上当事者に課せられている信義則(民訴法二条)に照らし、望ましいものというべきである。

(三) そして、本件では、原告らは、本件冷凍庫の発火の原因がサーモスタット部品のトラッキングであること及びその燃焼経路等について主張し、この点に関して当事者双方において攻防が尽くされてきたという訴訟の経緯があり、これは前記のとおり、一定の評価をすることができる訴訟追行であったといえる。

三 争点三(原告らの損害の有無及びそれらの額)について

1　火災保険金等について

被告は、原告公造が本件建物の火災による焼失という同一事故から二重に損害保険金及び共済金（以下「保険金等」ともいう。）を受領していることについて、損害の填補という損害保険契約の趣旨に照らすと、保険価額を超過する部分が無効であり、不当利得であるから、その分を損害賠償額から控除すべき旨主張する。

そもそも第三者の不法行為による保険事故に対し、被害者たる被保険者が任意に加入している損害保険契約に基づいて支払われた保険金等は、既に払い込んだ保険料の対価たる性質を有し、右第三者が負担すべき損害賠償額から損益相殺として控除されるべき利益には当たらないが、保険金等を支払った保険者は、保険者の代位の制度により、その支払った保険金等の限度で第三者に対する損害賠償請求権を取得する結果、被保険者は、右保険金等の限度で第三者に対する損害賠償請求権を失い、第三者に対して請求することのできる賠償額が支払われた保険金等の額だけ減少することになる（最判昭和五〇年一月三一日民集二九巻一〇号六八頁参照）。そうすると、被告の負担すべき損害賠償額を算定するに当たっては、右保険金等を考慮することが必要となるが、原告らは、本件建物についての損害賠償請求はしていないので、本件建物を目的とする保険金等については、考慮する余地がないことになる（本件建物を目的とする保険金等が本件建物焼損の損害以外を填補することにならないかという問題もあるが、今後、重複保険として関係者間で調整されることも想定されるので、ここでは、右問題を消極に解した上で、損害算定をすることとする。）。しかし、後記2については、支払われた共済金について考慮する必要がある。

2　店舗内備品等及び家財道具等の損害

㈠　警察調書（甲九）及び消防調書（甲三）によれば、本件建物一階部分は本件冷凍庫置場を中心にその背後の厨房と、北側の下屋が焼損し、本件建物二階の居住部分は、便所以外は焼損していないものの、消火活動に伴う放水で水浸しとなったことが認められるから、本件火災により原告らに損害が生じたことは明らかであるが、個々の動産の購入額ないし当時の価額について、《証拠略》によりこれを認めることは困難であり、他にこれを認めるに足りる証拠はない。

(二) ところで、動産の焼失による損害額は、購入時の代金額から経年を考慮して減額した価値ないし代替物の購入費用等をもって算定することが本来であるが、事柄の性質上、本件において、このような立証を要求することは相当でない。そうすると、本件は、動産の滅失という損害発生は認められるが、損害の性質上、その額の立証が極めて困難な場合（民訴法二四八条）に当たるというべきである。そこで、裁判所としては、相当な損害額を認定することとするが、本件火災後に福島農協は実損評価額として、店舗内備品等につき五一〇万円、家財道具等につき九四〇万円と査定していることが認められ、とりわけ後者は、損害保険における査定基準であるモデル家庭の標準的評価表の家財道具の価格に依拠したものである。したがって、右の額を基本としてよいと考えるが、一方で、右の査定は、保険金額（共済金額）の上限を考慮して行われたものであるから、当裁判所としては、各損害額については、いずれも、福島農協の評価額の一割増とすることが相当であると解する。そうすると、損害額は、店舗内備品等につき五六一万円、家財道具等につき一〇三四万円と評価するのが相当である。

(三) そして、第三・五・2に判示したとおり、原告公造は、福島農協から、動産特約共済金五〇〇万円を受領しているから、福島農協は、1・(二)でみたとおり、支払った共済金の限度で保険代位が生じ、原告公造は、この限度で損害賠償請求権を失っている（右共済金を控除することは、原告らの自認するところでもある。）。そうすると、店舗内備品等の損害額は、六一万円となる。

家財道具等についても、第三・五・2に判示したとおり、原告公造は、福島農協から共済金六四三万七五〇〇円を受領しているから、福島農協は、1・(二)でみたとおり、支払った共済金の限度で保険代位が生じ、原告らは、この限度で損害賠償請求権を失っている。そうすると、右家財道具等の損害額の内訳は、別紙家財道具等一覧表の評価額の割合に応じて、損害合計一〇三四万円を割り付けたものから、原告公造及び同丈子については受領した共済金六四三万七五〇〇円について各自その半額を控除した残額である（受領した共済金について、原告公造及び同丈子の損害額から各自その半額を控除することは、原告らが自認するところである。）から、原告公造につき四六万一〇四四円、同丈子について一四〇万九三五七円、同優子について二〇三万二〇九九円となる。

3　移転費用等

《証拠略》によれば、原告公造は、平成三年一〇月五日、新しい住居兼店舗として、現住所の建物を敷金三二万円、協力金一六万円、賃料月額一六万円との約定で賃借し、右同日、媒介業者に対し、仲介手数料として一〇万円を支払ったことが認められる。

右各金員のうち、賃貸人に対して支払った敷金は、賃貸借契約終了後に、借主たる原告公造の債務を控除した上で返還される約定で交付された金員であるから、本件火災に伴う損害として評価すべきではない。よって、移転費用等の損害は、協力金、仲介手数料の合計二六万円と認められる。

4　休業損害

《証拠略》によれば、本件火災の前年にあたる平成二年度の原告公造の所得金額が一一二万二五九九円、原告丈子の専従者給与額が一二〇万円であること、新店舗が開業したのは、平成三年一二月一二日であることが認められる。

したがって、本件火災の平成三年七月一日から新店舗開業までの平成三年一二月一二日までの一六五日間の休業損害としては、原告公造について五〇万円、同丈子について五五万と評価すべきである。

5　慰謝料

(一)(1)　不法行為に伴って物的損害が生じた場合、被害者が右物的損害に伴って精神的な苦痛を感じることは一般的であると考えられるが、通常の物的損害は財産的損害として評価され、その損害賠償によって、被害者の精神的な苦痛も癒され、損害は填補されたと考えるべきである。したがって、物的損害が生じた場合において、財産上の経済的価値以外に考慮に値する主観的精神的価値が認められるような特別の事情が認められるときに限って、被害者は、財産的損害についての損害賠償のほかに慰謝料を請求することができると解すべきである。

(2)　そこで、右特別の事情の有無について検討すると、本件火災により所有財産を失ったことについては、家財道具等の損害賠償により、レストラン経営を一旦止め、半年間、開業準備のために時間を費やしたことについては、休業損害等の賠償によりそれぞれ填補されているとみることができる。

しかしながら、写真、アルバム、先代の遺品、日記、卒業証書等の滅失については、これらが原告ら各自にとって想い出を偲ぶきっかけとなるものであり、財産上の経済的価値に評価し尽くされないものであることを考慮すると、原告らが、これらの物を本件火災により失ったことは、このことにより精神的損害を被ったといわなければならない。すなわち、想い出の品々の滅失は、原告らそれぞれに慰謝料を認めるべき特別な事情に当たるものである。

そして、この慰謝料額は、原告らそれぞれについて、事柄の性質上、いずれも六〇万円とするのが相当である。

(二) 原告ら夫婦が在宅していれば生命を失う危険があった旨の主張については、このような抽象的な可能性だけでは慰謝料を認めるべき精神的損害が生じたと認めることはできない。

(三) 原告らは、被告の交渉態度の不誠実さを理由に、慰謝料を請求する。

ところで、《証拠略》によれば、原告らと被告との間では、本件火災の約一か月後の平成三年八月六日から本件訴訟提起まで約三年四か月にわたって交渉が続けられてきたこと、原告公造が請求する損害賠償額が六〇〇〇万円から七一〇〇万円と本訴請求額に比較してもかなり高額であった上、本件冷凍庫が火災の原因であるか否かについては争いのある段階での交渉であること、被告も、交渉の初期の段階から、本件冷凍庫を調査させるよう再三にわたって申し入れており、本件冷凍庫が原因であると判明すれば、誠意をもって対応すると表明していたことが認められる。

訴訟提起前に製品の欠陥に起因する事故に基づく損害賠償請求がなされた場合の製造業者としては、可及的に被害者救済を図るという姿勢が望ましいといえるが、当該製造物の欠陥の存在につき一定の見通しができる程度の資料が収集できなければ、あるいは、そのような資料収集につき被害者側の協力を得ることができなければ、救済を図る方向での交渉をすることは困難であると解されるところ、本件における被告の交渉態度は、そのような観点からすると、特に責められるべき点はないということができ、原告らに対して精神的苦痛を与えた行為であると評価することはできない。

6　弁護士費用

本件事案が製造物責任を追求するものであること、その訴訟追行及び準備には、訴訟代理人において相当程度の専門性が求められ、時間を要するものであったものと推測されることに加えて、その審理経過、認容額等に照らすと、本件不法行為と相当因果関係にある弁護士費用は、原告公造につき七〇万円、同丈子につき四〇万円、同優子につき三〇万円と認めるのが相当である。

五　結論

以上のとおり、原告らの請求は、原告公造について三一三万一〇四四円、同丈子について二九五万九三五七円、同優子について二九三万二〇九九円及びこれらに対する不法行為の日である平成三年七月一日から支払済みまで民法所定年五分の割合による遅延損害金の支払を求める限度において理由があるからこれを認容することとし、その余は理由がないからこれを棄却することとし、訴訟費用の負担について民訴法六一条及び六四条を、仮執行宣言について同法二五九条をそれぞれ適用して主文のとおり判決する。

東京地方裁判所民事第二八部

裁判長裁判官　加藤新太郎

裁判官　片山憲一

裁判官　日暮直子

あとがきにかえて――PLオンブズ会議とは

日本消費生活アドバイザー・コンサルタント協会　消費生活研究所所長　宮本一子

一九九四年六月に成立したPL法は、消費者運動の大きな〝成果〟そのものでした。運動の起点は一九九一年「消費者のための製造物責任法の制定を求めるシンポジウムと連絡会結成集会」であり、これが「PL法消費者全国連絡会」という呼称で、三年以上にわたる運動の中核となりました。PL法制定運動の記録として発行された『消費者の権利確立をめざして』には、三六人が「私とPL法」というタイトルで思い出を書いていますが、国会議員、行政、報道、弁護士、学者、運動団体のリーダーなど多彩です。多くの分野からの参加、サポートがあった運動でした。ただその中には「法案の成立は劇的だった」「ラッキーな法律だった……あの時を逃したら……遠い、遠い先のことになっていたのでは」「PL法制定の経緯はレアケース」といった行政官や国会議員の本音が語られています。運動側は当然の立法化と受け取っていましたが、当時としては決して安産ではありませんでした。その法律を実効あるものにするには、監視、検証、啓発が重要です。「PL法消費者全国連絡会」は、今後具体的、実証的に法の成果をあげるために、何をなすべきかを検討しました。その結果、情報や意見交換を行い、消費者救済のために継続して状況を把握し、社会にアピールを行うことが重要であるという結論になり一九九四年「PLオンブズ会議」がスタートしました。

「PLオンブズ会議」は、全国消費者団体連絡会の中の専門委員会という位置付けになっており、メンバーは、PL問題に関心を持つ団体と個人で構成されています。現在、七つの団体と三五名の個人がメンバーとして登録されています。事務局は全国消団連です。

今回の出版にあたっては、このなかから、主に次のメンバーが、企画等にたずさわりました。

大島暢子（消費生活アドバイザー）　太田吉泰（全国消費者団体連絡会・元事務局長）
長見萬里野（日本消費者協会）　北川公造・丈子夫妻（三洋冷凍庫火災事件原告）
澤藤統一郎（弁護士）　清水鳩子（主婦連合会）
田中里子（東京都地域婦人団体連盟）　中村雅人（弁護士）
増井克吉（日本消費生活アドバイザー・コンサルタント協会）　水野英子（東京都地域婦人団体連盟）
宮本一子（ＮＡＣＳ消費生活研究所）　日和佐信子・磯辺浩一（全国消費者団体連絡会）

また、鈴木將成（技術士）、谷合周三（弁護士）の両氏には、ＰＬオンブズ会議メンバーと同様に原稿執筆だけでなく様々なアドバイスやご協力をいただきました。

本書が、多くの消費者のみなさんの目にとまり、製造物被害に遭遇したときの一助になれば幸甚です。

なお本書は、各章を分担して執筆しており、各章の内容についてはそれぞれの執筆者の責任に帰するものです。

また本書は、花伝社の平田勝氏の情熱あふれるご支援がなければ、出版にいたることはできなかったと思います。ここに、感謝申し上げる次第です。

全国消費者団体連絡会・ＰＬオンブズ会議
<連絡先>
〒102-0085　東京都千代田区六番町15　プラザエフ６Ｆ
TEL　03-5216-6024
FAX　03-5216-6036

冷凍庫が火を噴いた――メーカー敗訴のＰＬ訴訟――

2001年7月16日　初版第1刷発行

編者――全国消費者団体連絡会・ＰＬオンブズ会議
発行者――平田　勝
発行――花伝社
発売――共栄書房
〒101-0065　東京都千代田区西神田2-7-6 川合ビル
電話　03-3263-3813
FAX　03-3239-8272
E-mail　kadensha@muf.biglobe.ne.jp
http://www1.biz.biglobe.ne.jp/ ~kadensha
振替――00140-6-59661
装幀――神田程史
印刷――中央精版印刷株式会社

ISBN4-7634-0370-2 C0036